Michael Braun

Wenn Geld stirbt

Die Ursachen,
die Folgen,
die Überlebensregeln

W0057189

GOLDMANN

Die Ratschläge in diesem Buch wurden vom Autor und vom Verlag sorgfältig erwogen und geprüft, dennoch kann eine Garantie nicht übernommen werden. Eine Haftung des Autors bzw. des Verlags und seiner Beauftragten für Personen-, Sach- und Vermögensschäden ist ausgeschlossen.

 Dieses Buch ist auch als E-Book erhältlich

MIX
Papier aus verantwortungsvollen Quellen
FSC® C014496
FSC
www.fsc.org

Verlagsgruppe Random House FSC® N001967
Das für dieses Buch verwendete FSC®-zertifizierte Papier *Classic 95* liefert Stora Enso, Finnland

1. Auflage
Originalausgabe Juli 2013
© 2013 Wilhelm Goldmann Verlag, München,
in der Verlagsgruppe Random House GmbH
Umschlaggestaltung: Uno Werbeagentur, München
Redaktion: Dunja Reulein
Satz: Buch-Werkstatt GmbH, Bad Aibling
Druck und Bindung: GGP Media GmbH, Pößneck
CH · Herstellung: IH
Printed in Germany
ISBN 978-3-442-17404-1

www.goldmann-verlag.de

Inhalt

I. Die Vergänglichkeit des Geldes

»Dass die Menschheit von den Lektionen der Geschichte nicht besonders viel lernt, ist die wichtigste aller Lektionen, die die Geschichte uns lehren muss.«
– ALDOUS HUXLEY[1]

Alle Menschen sind sterblich, lautet ein Romantitel der französischen Schriftstellerin Simone de Beauvoir[2] – eine Aussage, der man in ihrer Absolutheit nicht widersprechen kann. Alle Währungen sind es leider auch, und das ist der großen Mehrheit von uns nur vage klar. Ein leises Echo der Zeitgeschichte ist, was die Vergänglichkeit des Geldes angeht, noch heute in Deutschland wahrzunehmen. Zum einen – vor allem unter Älteren – die Erinnerung an die Währungsreform des Jahres 1948, als Deutsche Mark auf Reichsmark folgte, zum anderen an das Krisenjahr 1923 mit seiner verheerenden Hyperinflation, das bis heute als traumatische Erfahrung im kollektiven Gedächtnis der Gesellschaft verankert ist. Das Sterben einer Währung ist 2012 allerdings mehr eine skurril-unappetitliche Erzählung aus Omas Mädchentagen als ein ernst zu nehmendes, ernsthaft zu erörterndes Risiko, das Wirklichkeit werden und katastrophale Folgen haben könnte.

Manchmal wiederholen sich Albträume jedoch. In diesem

Buch lege ich die Gründe dar, warum die seit Sommer 2007 anhaltende und bislang nicht im Ansatz gelöste Finanz- und Schuldenkrise in weiten Teilen der Welt eine Ereigniskette mit sich bringen könnte, die sogenannte Papierwährungen wie Euro, Dollar, Pfund und Yen infrage stellt. Die Krise gefährdet damit die Ersparnisse und den Wohlstand von Millionen Menschen, auch in Deutschland. Für viele könnte sie sich als die größte materielle Katastrophe ihres Lebens erweisen.

Die meisten Bürger in der Bundesrepublik machen sich trotz der schlagzeilenträchtigen Dramatik der mehrjährigen Krisenphase bislang kaum Sorgen um ihr Geld und um ihr materielles Wohlergehen. Im Juli und August des Jahres 2012 bewerteten 57 Prozent der Deutschen ihre persönlichen finanziellen Lebensumstände als »gut« oder »sehr gut«. Dies sind weit mehr als beispielsweise in den Jahren 2005 und 2006, *vor* Ausbruch der Krise. Die Erwartungen für die nächsten zwei Jahre, also bis etwa Sommer 2014, waren zu diesem Zeitpunkt keineswegs verhalten-düster, sondern ähnlich optimistisch wie in den Vorjahren.[3] Nichts deutet in Umfragen darauf hin, dass ein mehr als marginaler Teil der deutschen Gesellschaft sich um einen Kollaps des Finanzsystems – oder auch »nur« des europäischen Währungsraums – ernsthaft sorgen würde. Dass sie Geld verlieren oder weltweit gehandelte und genutzte Währungen wertlos werden könnten, ist ein Gedanke, der für die meisten nicht im Bereich des Möglichen oder Vorstellbaren liegt.

Ein Buch, das den Titel *Wenn Geld stirbt* trägt, kommt ohne eine Klärung dieses Ausdrucks – des »Sterbens« von Geld – nicht aus. Geld erfüllt mehrere Funktionen. Zum einen ermöglicht es das

Aufbewahren von Kaufkraft für einen späteren Zeitpunkt: Wer heute einen 50-Euro-Schein in die Schreibtischschublade legt, geht in der Regel davon aus, dass er auch in einigen Jahren damit noch etwas wird kaufen können, ohne dass die Banknote bis zu diesem Zeitpunkt einen allzu großen Teil ihrer Kaufkraft einbüßen wird. Zum zweiten sind Währungseinheiten ausgesprochen nützlich, um zu rechnen, zu bilanzieren und Preise aller Art zu vergleichen. Drittens dient Geld, wie jeder weiß, als Zahlungsmittel, da es den bequemen Handel mit Waren und Dienstleistungen ermöglicht. Währungen sind also Tauschmittel. Einige wie der US-Dollar, der Euro, der Schweizer Franken und Gold sind als *globale* Tauschmittel anerkannt und dank dieser Eigenschaft besonders praktisch.

Vertrauen ist gut – aber flüchtig

Diese drei Funktionen basieren auf dem Vertrauen, das die Benutzer des Geldes – Verbraucher, Unternehmen, Notenbanken, Regierungen, Staaten – Banknoten, Münzen, elektronisch gespeicherten Gutschriften (zum Beispiel auf Konten) und Kapitalanlagen entgegenbringen. Geld stirbt, wenn dieses Vertrauen verloren geht. Es dauert, bis ein solcher Vertrauensbruch eintritt; ist es aber einmal so weit, kann es, wie Beispiele aus der Wirtschaftsgeschichte zeigen, sehr schnell gehen.

Das Vertrauen, auf dem Geld und Weltwirtschaft basieren, ist kostbar und verletzlich, nicht anders als das Vertrauen von Freunden untereinander. Dies gilt insbesondere in einem Währungssystem wie dem unserigen, das auf Papiergeld setzt. Gemeint ist damit nicht der Umstand, dass viele Banknoten aus Papier bestehen oder, wenn nicht, zumindest papierartig wirken.[4] Der Begriff »Papiergeld« zielt vielmehr darauf, dass das heutige Währungssystem nicht mit Gold, anderem Edelmetall oder einem alternativen, mengenmäßig begrenzten Gut unterlegt und gedeckt ist. Papiergeld wird von Zentralbanken aus dem Nichts geschaffen, weswegen es mit dem lateinisch-englischen Begriff *fiat money* (wörtlich: »es werde Geld«) gut charakterisiert ist. Es drückt ein Versprechen von Notenbanken und Staaten aus, nicht mehr, nicht weniger. Das Vertrauen der Verbraucher und Unternehmen in dieses Versprechen ist entscheidend. Geht es verloren, wird Geld wertlos. Es stirbt.

Würde die europäische Gemeinschaftswährung in diesem Sinne »sterben«, wenn die Euro-Zone einige ihrer finanziell angeschlagenen Mitglieder verlieren würde? Keineswegs, jedenfalls nicht zwangsläufig. Der Rückbau des Währungsraums wäre ein folgenreiches und hässliches Ereignis, das die langfristige Glaubwürdigkeit des Euro infrage stellen würde. Von einer Existenzkrise der Währung könnte man indes nur dann sprechen, wenn das Vertrauen derjenigen, die den Euro benutzen, dauerhaft erschüttert wäre. Tatsächlich stellt sich zumindest die Frage, ob die *Euro-Zone* scheitern könnte, überhaupt nicht mehr: Sie ist längst gescheitert. Sämtliche Regeln, die das Funktionieren der europäischen Währungszone langfristig gewährleisten sollten und dies durchaus hätten können – insbesondere der Maastricht-Vertrag von 1992 und der sogenannte Stabilitäts- und Wachstumspakt einige Jahre später –, sind bei den ersten Schwierigkeiten aufgegeben und de facto (aber nicht de jure) für null und nichtig erklärt worden. Die Europäische

Zentralbank, die in ihrem am Bundesbank-Modell ausgerichteten Entwurf unabhängig und ausschließlich der Preisstabilität in der Euro-Zone verpflichtet sein sollte, machte sich in der ersten Krise ihres Bestehens sogleich von Regierungen abhängig und gefährdet mit einer Politik, die in der Bundesbank-Ära unvorstellbar gewesen wäre, die innere Stabilität des Euro. Hunderte Millionen Menschen zahlen und wirtschaften dennoch weiter mit Euro und haben bislang keinen Grund gesehen, der Gemeinschaftswährung nicht mehr zu vertrauen.

Die *strukturelle* Zerbrechlichkeit des Währungsraums in Europa stellt ein beträchtliches Problem dar, wie insbesondere der zweite und dritte Teil dieses Buchs darzulegen versuchen. In seinen Auswirkungen viel schlimmer ist jedoch eine *innere* Aushöhlung des Euro, also die Gefahr, dass die Währung einen substanziellen Verlust ihrer Kaufkraft erleiden und von Inflation untergraben werden könnte. Dieses Risiko besteht infolge der Politik der großen Notenbanken keineswegs nur in den Mitgliedsländern der Euro-Zone, sondern auch in anderen Währungsräumen. Die Liste der in ihrer Substanz gefährdeten Währungen liest sich inzwischen wie ein *Who's who?* der im 20. Jahrhundert dominierenden Wirtschaftsmächte und ihres jeweiligen Geldes. Neben den europäischen Staaten sind hier unter anderen die USA, Großbritannien und Japan zu nennen, deren Währungen heute Gefahr laufen, in absehbarer Zeit das Vertrauen der Nutzer und damit eine der im Alltag wichtigsten gesellschaftlichen Konventionen zu verlieren.

Zwischen dem Kollaps eines Währungsraums und der Aushöhlung der Währung selbst besteht oft ein Zusammenhang, aber keineswegs immer. In der jüngeren Geschichte gibt es eine

Reihe von Beispielen für das Zerbrechen von Währungszonen, dem Währungsimplosionen folgten. So verzeichnete Jugoslawien im Zuge des Staatszerfalls zwei hyperinflationäre Phasen. Nach dem Ende der Sowjetunion erlebten zehn von 15 ehemaligen Sowjetrepubliken Hyperinflation.[5] Auf die Auflösung Österreich-Ungarns nach dem Ersten Weltkrieg folgten Episoden massiver Geldentwertung in Österreich und Ungarn, die sich ungefähr zeitgleich mit der Hyperinflation in der Weimarer Republik abspielten. Zwangsläufig ist diese Korrelation allerdings nicht, wie die zum Jahreswechsel 1992/93 durchgeführte Teilung der Tschechoslowakei in die unabhängigen Staaten Tschechien und Slowakei beispielhaft zeigt. Die slowakische Krone wertete damals gegenüber der tschechischen Krone in vergleichsweise harmlosem Umfang ab. Mehr nicht.

Viele denken, dass Hyperinflation – der spektakulärste und in seiner Eigendynamik schreckliche Todeskampf einer Währung – ein deutsches oder gar ein typisch deutsches Phänomen sei. Das ist ein Irrtum. Die Bücher zur Weltgeschichte sind voll mit hyperinflationären Episoden. Wirtschaftswissenschaftler, die sich gezielt auf die Suche gemacht haben, kamen auf 56 dieser Währungskrisen.[6] Betroffen waren sowohl reiche (oder ehemals reiche) Staaten wie Deutschland, Frankreich, Österreich und Argentinien als auch Länder wie China und Brasilien, die heute als erfolgreiche Schwellenmärkte gelten. Simbabwes nationale Währung implodierte vor wenigen Jahren. Der Iran verzeichnete Ende 2012 eine (inoffizielle) Inflationsrate von mehr als 50 Prozent im Monat und damit Hyperinflation.

Die Rettungsroutine der Politik

Die Arbeit am Manuskript dieses Buchs endete Anfang 2013 – zu einem Zeitpunkt, zu dem sich nur wenige Menschen in Deutschland des Ausmaßes und der Dramatik der Situation bewusst waren. Vielen sind die jüngsten Entwicklungen in der südlichen Peripherie der Euro-Zone und die nunmehr qualitativ und quantitativ völlig unübersichtlich gewordenen Rettungsaktionen von Regierungen, Notenbanken und internationalen Organisationen, begleitet von einer Fülle von Thesen und Meinungen aus Politik, Wissenschaft und Medien, ungeheuer und über den Kopf gewachsen. Dass »Rettungsroutine« zum »Wort des Jahres« 2012 avancierte, spricht Bände. Viele verspüren ein diffuses Bauchgefühl, dass etwas schieflaufen könnte. Doch was genau? Das ist für die meisten aufgrund der Komplexität der Materie, der bei vielen übersichtlichen Kenntnisse wirtschaftlicher Zusammenhänge im Allgemeinen und finanzsystemischer Fragen im Besonderen sowie angesichts der sich täglich wandelnden Gemengelage undurchdringlich.

Anders als vor zwei Jahren ist heute aber vielen klar, dass die Euro-Zone mit Schönheitsoperationen nicht gesunden kann, sondern in einer strukturellen und existenziellen Krise steckt. Dass die Bundesregierung und andere Politiker im In- und Ausland Durchhalteparolen verbreiten, hat das Unwohlsein der Bürger nicht lindern können. Die deutschen Regierungen haben im Zuge der Finanzkrise seit 2007 – dies ist eine der zentralen Thesen dieses Buchs – versagt, und es gibt bislang keinen Hinweis darauf, dass sich das in Zukunft ändern könnte. Ein großes Problem liegt darin, dass die Bundesregierung trotz des bisherigen Verpuffens aller Maßnahmen keinen Plan B hat. Dass sie zu keinem Zeitpunkt einen glaubhaften Plan A hatte, sondern sich von Woche zu Woche und von Krisengipfel zu Krisengipfel hangelte, macht die Angelegenheit nicht einfacher.

Die Europäische Zentralbank (EZB), strukturell als Ebenbild der Bundesbank konzipiert, hat mehrere Prinzipien ihres einstigen Vorbilds über Bord geworfen, darunter die wichtigsten Leitmotive: die größtmögliche Unabhängigkeit von der Politik und die Verpflichtung auf die Erhaltung der Geldwertstabilität. Die Unabhängigkeit wurde untergraben, als die EZB im Mai 2010 begann, Staatsanleihen quasi insolventer oder finanziell klammer Euro-Staaten aufzukaufen.[7] Sollte eines der genannten Länder jetzt die Zahlungsunfähigkeit erklären, würde die EZB dramatische Verluste auf die von ihr gehaltenen Anleihen verbuchen müssen. Insofern ist sie politisch nicht mehr unabhängig: Sie wäre einer der Hauptgeschädigten eines solchen Schritts und würde daher alles tun, um ihn zu verhindern – beispielsweise indem sie unter bestimmten Bedingungen noch weitere minderwertige Anleihen kauft, und dies »unbegrenzt«, wie EZB-Präsident Mario Draghi im Herbst 2012 ankündigte. Damit gefährdet die Europäische Zentralbank das Wichtigste, über das eine Notenbank in einem Papiergeldsystem, wie wir es nutzen, verfügen kann: Vertrauen. Sie druckt in grenzenlosem Umfang Geld.[8] Wann immer eine Notenbank in der Geschichte diesen Weg einschlug, führte dies zu Inflation. »Nahezu alle großen Inflationen haben so begonnen«, schreibt ein ehemaliger Bundesbankvorstand, Thilo Sarrazin.[9]

Noch dramatischer – und im Volumen um ein Vielfaches höher als alle »Rettungspakete« – sind die Verluste Deutschlands, die sich aus dem Target-Verrechnungssystem der europäischen Notenbanken ergeben, über das in der Euro-Zone grenzüberschreitende Zahlungen ausgeglichen werden.[10] Hans-Werner Sinn, Präsident des Münchener ifo-Instituts, hat als Erster öffentlich auf diese Plünderung deutscher Vermögenswerte hingewiesen. Im August 2012 lagen Deutschlands Target-Forderungen bei 751 Milliarden Euro – Geld, das Deutschland mit großer Wahrscheinlichkeit nicht wiedersehen wird. Entweder die Euro-Zone zerbricht, und die Target-Salden verfallen, weil sie Forderungen an ein Finanzsystem darstellen, das es dann nicht mehr gibt. Oder sie werden im Laufe der Jahre aufgrund der deutlich negativen Realverzinsung per Inflation abgebaut. »700 Milliarden Euro sind kein Pappenstiel«, schreibt Sinn. »Dafür hätte man über 230 Transrapidstrecken vom Münchner Flughafen bis zum Hauptbahnhof München zu je 3 Milliarden Euro bauen können, aber selbst eine dieser Strecken hätte ja bekanntlich die Finanzkraft des deutschen Staates überdehnt.«[11]

Deutschlands finanzielle Verpflichtungen

Wie hoch die Gesamtsumme der Verpflichtungen und Bürgschaften der Bundesrepublik, die sich allein aus dem Euro-Fiasko ergeben, heute liegt, ist kaum seriös zu sagen – bis auf die extrem schwammige Aussage, dass es um sehr viel Geld geht. »Sehr viel« bedeutet inzwischen, anders als noch vor fünf Jahren, dass nicht mehr Milliarden auf dem Spiel stehen, sondern Billionen. Die Leichtfüßigkeit, mit der unsere Regierung und unser Land in den Bereich der kaum noch vorstellbaren Dreizehnstelligkeit vorgedrungen sind, ist atemberaubend. Das deutsche Bruttoinlandsprodukt (BIP), das die gesamte Wirtschaftleistung eines Jahres misst, liegt zurzeit unter drei Billionen Euro.

Die mittel- und langfristigen Folgen, die sich hieraus für Kaufkraft und Geldwertstabilität in Europa und in Deutschland ergeben, sind gravierend. Die Bundesbank, deren Glaubwürdigkeit den Euro erst möglich machte, ist auf dem Altar der Programmatik – »europäische Einigung um jeden Preis« – geopfert worden und spielt heute geldpolitisch praktisch keine Rolle mehr. Damit ist das Vertrauensfundament unserer Währung so schwach wie noch nie seit Gründung der Bundesrepublik. Die wenigsten innerhalb und außerhalb der Politik scheinen dies anerkennen zu wollen; die meisten üben sich in Gleichgültigkeit.

Die heute vorliegenden Bücher zur globalen Schuldenproblematik und zur Finanzkrise der Euro-Zone – es gibt eine Reihe höchst gelungener, lesenswerter – beschäftigen sich vor allem mit den volkswirtschaftlichen Dimensionen. Sie analysieren den Weg in die Krise, diagnostizieren, prognostizieren und formulieren Empfehlungen für Staaten und Regierungen, Noten- und Geschäftsbanken sowie internationale Organisationen und institutionelle Investoren. Bislang gibt es jedoch wenige Veröffentlichungen, die Verbrauchern erklären, welche konkreten Auswirkungen die Krise wahrscheinlich oder potenziell für sie haben wird – eine Lücke, die *Wenn Geld stirbt* zu schließen versucht.

Viele Bürger spüren intuitiv, dass die Krise in ihren wirtschaftlichen und politischen Dimensionen folgenreich sein könnte, möglicherweise sogar katastrophal und epochal. Praktisch bleibt das Zeitlupenfiasko, dessen Zeuge wir seit nunmehr sechs Jahren werden, meist jedoch bedeutungs- und folgenlos.

Ich kenne nur wenige Menschen, die Konsequenzen aus dem Schlamassel ziehen, mögliche Verluste begrenzen und sich gedanklich mit einer Krise auseinandersetzen, die nicht nur die Finanzwelt betrifft, sondern auch die reale Wirtschaft und jeden Haushalt. Das im vierten Kapitel skizzierte Szenario, *Ein Notfallplan,* halten beispielsweise fast alle, mit denen ich die Krise diskutiere, für dramatisch und irgendwie interessant, zugleich aber, seien wir ehrlich, für völlig absurd. Ich glaube: noch. Die Zeit arbeitet gegen uns.

Um es in einem Bild zu sagen: Vor fast genau 100 Jahren sank die *Titanic,* auf dem Weg von Southampton nach New York, im Nordatlantik – ein entsetzliches, in unserer Gesellschaft in allen Details berühmt-berüchtigtes Unglück, bei dem 1500 Menschen ihr Leben verloren. Die Ursachenforschung der noch kurz zuvor unvorstellbaren Katastrophe – das Schiff war erst zwei Wochen vorher in Dienst gestellt worden – lieferte viele relevante Facetten: die statistische Häufigkeit von Eisbergen im Nordatlantik; Größenwahn und übersteigerten Ehrgeiz der Verantwortlichen; die vermeintliche Unsinkbarkeit des Schiffs; die viel zu geringe Zahl der Rettungsboote; die hohe Reisegeschwindigkeit. All dies ist wichtig und von Bedeutung. Für Passagiere an Bord eines Schiffs wie der *Titanic* ist indes ein anderer Ansatz noch wichtiger: Was tun, wenn der Luxusliner, auf dem ich reise, einen Eisberg rammt und unterzugehen droht? Man kann sich in einer solchen Unglückssituation natürlich in stoischem Gleichmut üben, dem Unvermeidlichen ins Auge sehen und versuchen, das Leben bis zum letzten Moment zu genießen, vielleicht mit einem Erfrischungsgetränk. Früher oder später könnte und sollte man sich aber Gedanken über die Möglichkeiten der eigenen Rettung machen. Wie viele Boote gibt es? Wo sind sie? Wie bekommt man einen Platz? Welche anderen Rettungsmaßnahmen sind möglich und praktikabel?

Um solche Rettungsmaßnahmen geht es, bildlich ausgedrückt, in diesem Buch: um eine Art Überlebenstraining. Es versucht, das Grundrauschen von Politik und Medien zu unterdrücken und die für den einzelnen Verbraucher entscheidenden Punkte und Muster herauszufiltern, die neuen Spielregeln der Finanzwelt zu identifizieren und daraus vernünftige Schlüsse zu ziehen. *Wenn Geld stirbt* soll also eine Art Krisenhandbuch sein und zum Umdenken und Handeln anregen – in einem Umfeld, in dem ein großer Teil der Bevölkerung aufgrund der Komplexität der Finanzkrise quasi kapituliert hat und sich kaum noch mit diesem Thema beschäftigen mag. Dabei stellt es viele Regeln auf den Kopf, die in den vergangenen Jahrzehnten überzeugend und richtig waren. Die vermutlich wichtigste: Die Anlageinstrumente, die noch vor fünf Jahren als »absolut sichere« Renditebringer galten – etwa Spareinlagen, Termingeld, deutsche oder US-amerikanische Staatsanleihen –, sind längst zu hochriskanten Sparformen mit minimaler oder negativer Realrendite mutiert. Wer heute mit diesen Anlagen »absolut sicher« investieren will, macht absolut sicher etwas falsch und wird garantiert verlieren.

Alle Verbraucher müssen sich klarmachen, dass die Bundesrepublik Deutschland und die Europäische Union seit nunmehr sechs Jahren eine einzigartige Krisenphase durchlaufen. Die Auswirkungen werden für uns alle dramatisch und verlustreich sein. Die Möglichkeit besteht, dass der Euro und andere Weltwährungen, die in ihrer Konstruktion allein auf die Glaubwürdigkeit von Notenbanken und das Vertrauen der Bürger setzen, einen fatalen Vertrauensverlust erleiden – dass Geld also stirbt. Für dieses katastrophale Szenario gibt es leider keinen verlässlichen Übungsplan; zeitiges Nachdenken und Planen erhöhen jedoch die Wahrscheinlichkeit, nicht mit einem Totalverlust abzuschließen, sondern, was die eigenen Ersparnisse betrifft, mit einem halbwegs erträglichen Minus.

Sicher erscheint, dass der seit Langem absehbare Bruch der Euro-Zone in ihrer jetzigen Form und der Vertrauensverlust in die Gemeinschaftswährung weiterhin politische, wirtschaftliche und finanzielle Schockwellen aussenden werden. Jeder Haushalt in Europa und in weiten Teilen der Welt wird sich über die Sicherheit seiner Ersparnisse und Anlagen Gedanken machen müssen. Für sie ist dieses Buch gedacht. Wer sich in den nächsten Jahren nicht um sein Geld und seine finanzielle Absicherung kümmert, läuft Gefahr, in nicht allzu ferner Zukunft nichts mehr zum Kümmern zu haben.

Wenn Geld stirbt umfasst fünf Kapitel. Das zweite schildert die *Kurze Geschichte der Krise* – wobei die Betonung auf »kurz« liegt – aus einem ungewöhnlichen Blickwinkel, mit dem viele Leser bislang nicht vertraut sein dürften. Das dritte untersucht zwei in dieser Zeit entscheidende und mitunter verwirrende Phänomene, Deflation und Inflation.

Die Überlebensregeln, das vierte und mit Abstand längste Kapitel, greift zwölf Aspekte auf, über die sich meines Erachtens jeder hier und jetzt Gedanken machen und aus denen er für sich persönlich Konsequenzen ziehen sollte. Wer dies tut, wird sich keineswegs beruhigt zurücklehnen und gelassen den Dingen, die kommen mögen, entgegensehen können. Aber er wird, trotz aller Unabwägbarkeiten der Krise, schon eine ganze Menge richtig machen und mit großer Wahrscheinlichkeit einen Teil seiner Ersparnisse – damit meine ich: seiner Kaufkraft – bewahren. Selbstverständlich wird niemand *alle* Anregungen dieses Buchs gutheißen, und an manchen Stellen werde ich sicher falschliegen. Das ist nicht nur möglich, sondern wahrscheinlich, denn es geht hier um Zukünftiges, nicht um Vergangenes. Des ungeachtet glaube ich, dass wir alle in Anbetracht der Umwälzungen im globalen Finanz- und Währungssystem umdenken und aktiv werden müssen. Wenn ich den einen oder anderen mit diesem Buch dazu bewegen könnte, hätte ich viel erreicht.

Der fünfte Teil, *Wenn Geld aufersteht,* wagt schließlich einen Blick in die Zukunft und stellt Thesen auf, die als Orientierungshilfe nützlich sein könnten.

Vergessen sollte man bei der Lektüre dieses Buchs eines nicht: Es liegt in der Natur aller Krisen, dass sich ihre Umstände kurzfristig und drastisch ändern können. Zwischen Fertigstellung des Manuskripts und Veröffentlichung dieses Textes liegen, wie im Verlagsgeschäft üblich, mehrere Monate. Vieles kann in einem derart langen Zeitraum passieren, das einiges des hier Geschriebenen obsolet macht (oder natürlich bestätigt). Sollte zum Beispiel Griechenland, aktuell Epizentrum der Schuldenkrise in Europa, sich für zahlungsunfähig erklären und aus der Euro-Zone austreten – was ich persönlich aus heutiger Sicht für kurzfristig eher unwahrscheinlich, langfristig dagegen für unvermeidbar halte –, würde eine neue, akute Phase der Krise beginnen, in der sich die Ereignisse überschlagen könnten. Ich werde an einigen Stellen vermutlich richtigliegen und an anderen mit an Sicherheit grenzender Wahrscheinlichkeit falsch – oder erst zu einem Zeitpunkt recht haben, wenn niemand mehr dieses Buch liest.

Umso wichtiger ist, dass Sie als Leserin und Leser sich den Themen und Thesen kritisch nähern, sie prüfen, hinterfragen, verbessern, verwerfen und, wenn Sie Aspekte finden, die Sie überzeugen, entsprechend handeln.

Alle Empfehlungen, die in diesem Buch vertreten und diskutiert werden, erfolgen nach bestem Wissen und Gewissen und nach umfangreichen Recherchen. Sie spiegeln die persönliche, in vielen Facetten gewiss nicht mehrheitsfähige Meinung eines einzelnen Autors wider, der sich selbstverständlich irren kann. Eine Haftung oder Garantie für die Zuverlässigkeit der Angaben können Autor und Verlag nicht übernehmen. Insbesondere sind die getroffenen Aussagen und Empfehlungen nicht als Aufforderung für oder gegen einzelne Finanzentscheidungen zu verstehen. Privatanleger sollten sich in Gelddingen stets gründlich informieren und bei Bedarf ausführlich und unabhängig beraten lassen, bevor sie Einzelentscheidungen treffen.

Zum Schluss dieses Abschnitts möchte ich kurz auf den Umschlag des Buchs eingehen, auf dem ein roter *panic button,* ein Panikknopf, abgebildet ist. Panik in Verbindung mit Kontrollverlust ist in den meisten Lebenssituationen selbstverständlich kein guter Ratgeber, erst recht nicht in Fragen des Geldes. Ich bin allerdings überzeugt, dass sie in der aktuellen Finanzkrise eine bessere Ausgangssituation darstellt als die Alternative, Naivität. Der Ratschlag an das vor der Schlange sitzende Kaninchen, erst einmal schön ruhig am Platz zu bleiben und gründlich nachzudenken, ist gut gemeint, wahrscheinlich aber ungesund.

Sicher: Panik kann zu unüberlegten Handlungen verführen, zu Schnellschüssen und kostspieligen, folgenreichen Fehlentscheidungen. Insofern ist der Panikknopf, der die Titelseite dieses Buchs schmückt, mit gesundem Misstrauen zu sehen. In dem Maß, in dem uns ein Gefühl der Panik jedoch aufrüttelt und aktiv werden lässt, kann es hilfreich sein. Darum geht es hier.

Ich schreibe dies insbesondere vor dem Hintergrund, dass Politiker und Journalisten denjenigen, die vor drohenden Missständen oder gar Katastrophen warnen – gewissermaßen den Kassandras unserer Zeit –, gern Unseriosität und Populismus vorwerfen. Warnungen werden als Spinnereien abgetan: Es könne nicht sein, was nicht sein dürfe; die aufgezeigten Szenarien seien unvorstellbar, fern der Realität; »Milchmädchen stellen Milchmädchenrechnungen auf«[12] und so weiter. Diese Reaktionen sind selbstverständlich legitim, zugleich aber fahrlässig. Der gefährlichste Populismus liegt in der aktuellen Krise darin, so zu tun, als sei alles halb so schlimm, als würde sich für alle Probleme irgendwie eine Lösung finden, die wenig oder nichts koste.

Das ist falsch und unseriös. Die Finanzkrise und ihre Folgen sind ein Albtraum, aus dem es kein Erwachen gibt und den wir alle überstehen müssen, so gut es eben geht. Vergessen sollte man dabei nie, dass die Krise zwar in die Katastrophe münden kann und meines Erachtens wird – dass dies aber keineswegs der Weltuntergang sein wird. Ein schwacher Trost, aber doch ein Trost.

II. Eine kurze Geschichte der Krise

»Eine Regierung kann einem Unglück nicht aus dem Weg gehen, indem sie einfach extreme Fehltritte vermeidet. Keine Regierung lässt ihre Währung kollabieren, weil sie dies wollte oder die Angelegenheit ihr völlig egal wäre. Wenn sie schließlich die Optionen versteht, hat sie keine. Das Volk übernimmt, und die Regierung wird entmachtet.«
– JENS O. PARSSON, *DYING OF MONEY*, 1974[13]

Ende 2012, als ein großer Teil dieses Buchs ensteht, richten sich die Augen der Menschen weltweit auf Europa, wo eine akute und außerordentlich brisante Krise tobt: Es geht um den Erhalt der Euro-Zone. »Könnten Länder wie Griechenland, Portugal oder Irland – möglicherweise sogar Italien und Spanien, zwei der fünf größten Volkswirtschaften Westeuropas – die Euro-Zone verlassen?«, lautet die zentrale Frage.

Dabei darf man nicht übersehen, dass diese Euro-Krise kein isoliertes Ereignis ist, das aus heiterem Himmel über die Bürger Europas hereingebrochen wäre, sondern ein Kapitel einer komplexen, erheblich größeren Geschichte. Um diesen Kontext in seiner historischen Dimension und Dynamik zu verstehen, muss man einige Schritte zurücktreten und das Gesamtbild betrachten.

Die aktuelle Finanzkrise begann im Sommer 2007, als viele der größten Banken der Welt sich binnen kürzester Zeit untereinander kein Geld mehr leihen wollten. Finanzexperten waren geschockt und verstanden die sich anbahnenden Dramen durchaus; die breite Öffentlichkeit jedoch nahm kaum Notiz. Erst als am 15. September 2008 die amerikanische Investmentbank Lehman Brothers zahlungsunfähig wurde, eines der größten Finanzinstitute der Welt, geriet die Krise nach und nach ins Bewusstsein der meisten Deutschen.

Das Desaster nahm seinen Ausgang jedoch weit früher: 1968. Damals schlug US-Präsident Lyndon B. Johnson dem Kongress vor, die Goldunterlegung der unangefochtenen Leitwährung der Welt, des Dollar, aufzuheben. Sie werde »nicht gebraucht, um uns zu vermitteln, was umsichtige Geldpolitik sein sollte – dieser Mythos wurde vor Langem zerstört«. Die Goldreserven würden »nicht gebraucht, um dem Dollar Wert zu geben – dieser Wert leitet sich von unserer produktiven Wirtschaft ab«[14]. Der Kongress nickte, und das war das. Wenig später, Anfang der 1970er-Jahre, endete das sogenannte Bretton-Woods-System, das mehrere Jahrzehnte hindurch die Grundlagen des Weltfinanzsystems geregelt hatte.

Das Ende der Bretton-Woods-Ära

Im Kern war das Bretton-Woods-System – benannt nach dem gleichnamigen Ort im US-Bundesstaat New Hampshire, wo es im Juli 1944 auf einer internationalen Konferenz im Mount Washington Hotel etabliert worden war – ein Goldstandard. Dabei bedeutet »Goldstandard« hier keineswegs, dass Gold in Form von Münzen oder anderen Einheiten zum Zahlungsmittel wurde. Vielmehr handelte es sich bei Bretton Woods um ein *indirekt* goldbasiertes System. Die Vereinigten Staaten, gegen Ende des Zweiten Weltkriegs die weltweit unangefochtene Wirtschaftsmacht Nummer eins, garantierten, die umlaufende Währung jederzeit in Gold umzutauschen. Der Wechselkurs wurde zugleich auf 35 Dollar je Unze festgelegt. Diese Tauschoption galt nicht für den Privatsektor, sondern für nichtamerikanische Notenbanken, die ihre Dollarreserven jederzeit vergolden konnten. Die Unterlegung des Dollar mit Edelmetall war somit eine Art Bedarfsunterlegung: Wer wollte, konnte. Die Erwartung (und Hoffnung) war, dass angesichts der Glaubwürdigkeit, die die US-Regierung damals in weiten Teilen der Welt genoss, nicht allzu viele ausländische Zentralbanken wollen würden.

Das Bretton-Woods-System war zweieinhalb Jahrzehnte hindurch im Großen und Ganzen von erfrischend langweiliger Stabilität. Auch in den 1950er- und 1960er-Jahren gab es Krisen, doch ein drastischer Wirtschaftskollaps wie etwa in den 1930ern blieb aus.[15] Was internationale Finanzsysteme angeht, ist das ein ziemlich gutes Zeugnis.

Eine Generation nach Kriegsende kamen indes zwei Faktoren zusammen, die das Ende von Bretton Woods besiegelten. Zum einen wurde der seit Jahren geführte Vietnamkrieg für die US-Regierung erheblich teurer als erwartet, was das Vertrauen von Staaten und Finanzinstitutionen in die langfristige finanzielle Solidität des Dollar schwächte. Zum anderen verfolgte Frankreich unter dem damaligen Präsidenten Charles de Gaulle, bis Frühling 1969 im Amt, eine selbstbewusst-nationalistische Politik: Es nahm die USA beim Wort und wechselte Dollar in Gold, das es über den Atlantik zurück auf französisches Territorium holte. Das war legitim, traf bei den Amerikanern, die dadurch ein Abschmelzen ihrer Goldbestände befürchteten, jedoch auf wenig Begeisterung.

Die Reaktion ließ nicht lange auf sich warten. US-Präsident Richard Nixon hob am 15. August 1971 per Dekret die bis dahin garantierte Goldbindung auf und beendete das Bretton-Woods-Regime, das das Finanzsystem der Welt jahrzehntelang geordnet und stabilisiert hatte, für die Vereinigten Staaten aber unliebsam geworden war. Die nationalen Interessen der USA waren Anfang der 1970er-Jahre aus Sicht der Regierung wichtiger als die Interessen der Weltgemeinschaft.

Die langfristigen Folgen dieser Entscheidung waren und sind von einer Dramatik, die damals für die meisten Beobachter weder absehbar noch vorstellbar war. Das Ende des Goldstandards änderte die Funktionsweise und die Stabilisierungsmechanismen des gesamten Finanzsystems.

Bretton Woods legte Staaten Zügel an. Gab ein Land mehr aus, als es einnahm – wies es bei den Staatsfinanzen also ein Defizit auf –, verlor es Goldreserven. Dies war erstens unangenehm und konnte zweitens nicht ewig so weitergehen; schließlich waren die Reserven nicht unbegrenzt und würden irgendwann vollständig abgeschmolzen sein und spätestens dann einen Kurswechsel erzwingen. Staaten, die über ihre Verhältnisse lebten, mussten sparen oder die Zinsen steigen lassen, um Geld ins eigene Land zu locken. Beide Maßnahmen sind politisch und wirtschaftlich kurzfristig unpopulär. Sparprogramme werden von vielen Bürgern und Wählern nicht geschätzt, während steigende Zinsen die wirtschaftliche Dynamik tendenziell ausbremsen. Langfristig aber wirken sie stabilisierend. Aufgrund dieser Dynamik zügelte Bretton Woods die Bereitschaft von Staaten, jahre- oder sogar jahrzehntelang über ihre Verhältnisse zu leben.

Mit dem Ende der Bretton-Woods-Ära war dieser Stabilisierungsmechanismus Geschichte. Die Goldreserven, aufgrund der Knappheit des Edelmetalls von begrenztem, nur langsam wachsendem Volumen, hielten die Neigung von Staaten und Regierungen, über ihre Verhältnisse zu leben, nicht mehr im Zaum. An ihre Stelle war das getreten, was Wirtschaftswissenschaftler *fiat money* nennen, aus dem Nichts von Notenbanken erschaffenes Geld.

Ein anderer Begriff ist Papiergeld. Entscheidend ist an dieser Stelle, was Papiergeld eben *nicht* ist. Es ist nicht mit Gold, anderem Edelmetall oder einem alternativen, nur begrenzt verfügbaren Gut hinterlegt. *Fiat money* kann, der Name impliziert es, in unbegrenzten Mengen erschaffen werden. Dies kann für Regierungen und Notenbanken praktisch sein. In einem Papiergeldsystem haben sie im Prinzip die Möglichkeit und die Genehmigung, so viel Geld in Umlauf zu bringen, wie sie, aus welchen Gründen auch immer, wollen. Ob ihre Handlungsmotive richtig oder falsch sind, weise oder gefährlich, mag interessant und erheblich sein. Ist ein Papiergeldsystem einmal eingeführt, ist diese Frage jedoch zweitrangig.

Wenn ein Land in diesem Rahmen über seine Verhältnisse lebt, gibt es den oben für Bretton Woods umrissenen Stabilisierungsmechanismus nicht. Selbstverständlich kann jeder Staat, der jahrelang große Ausgabefreude an den Tag legt und sich schließlich einem Schuldenberg gegenübersieht, jederzeit so viel sparen und Ausgaben kürzen, wie er will. Dies ist politisch jedoch schwierig und bei vielen Wählern, denen höhere Abgaben abverlangt oder Leistungen gekürzt werden, unbeliebt. Das Erschaffen und In-Umlauf-Bringen von Extrageld ist hingegen eine einfache Übung. Die Folge ist in der Regel eine Abwertung des eigenen Geldes gegenüber den Währungen anderer Länder. Dies macht Importe teurer und die eigenen Exporte billiger, was im Ergebnis die Leistungsbilanz des Staates gesunden lassen kann.

Der entscheidende Punkt ist, dass die Abkehr vom Goldstandard und die Einführung von Papiergeld der Inflation Tür und Tor öffnen können. Der Ökonom und Finanzmarktexperte Richard Duncan hat darauf hingewiesen, dass fortan nicht Geld die entscheidende Rolle spielte, sondern Kredit.[16] Ohne mich in Details verlieren zu wollen, die vielen Lesern wenig Freude bereiten dürften, ist dieser Paradigmenwechsel doch so interessant und folgenreich, dass er eine Klarstellung verdient.

In einem Goldstandard ist die Geldmenge die entscheidende Variable für die Entwicklung der Preise. Wird mehr Geld in Umlauf gebracht, passen sich die Preise irgendwann an – es gibt Inflation. Aufgrund der immer nur begrenzt vorhandenen Menge der Goldreserven kann Geld in diesem System jedoch nicht endlos erzeugt werden, was ein völliges Aus-dem-Ruder-Laufen der Preise höchst unwahrscheinlich macht.

In unserem Papiergeldsystem übt nicht die Geldmenge diese Funktion aus, so Duncan, sondern die Kreditmenge, also das Volumen der insgesamt durch das Banksystem bereitgestellten Kredite. Dies bedeutet im Kern, dass die Preise nicht wegen einer Ausweitung der Geldmenge steigen, sondern wegen einer Erhöhung der Schulden. »Schulden« sind zu »Geld« geworden, und nicht mehr die Geldmenge bestimmt die Preise, sondern der Schuldenstand.

Dies wirkt sich über zwei Mechanismen auf die Wirtschaft aus. Zum einen lassen Schulden die Wirtschaft wachsen. Zum anderen ist Wirtschaftswachstum in diesem System ohne neue Schulden nicht möglich. »Das Wesen des Geldes wandelte sich 1968, und der Wandel veränderte die Wirtschaft«, so Duncan. »Es ist immer schwieriger geworden, zwischen Geld und Kredit zu unterscheiden. Hinzu kommt, dass das Kreditvolumen in Relation zu dem Volumen, das zuvor als Geld gegolten hatte, dermaßen anstieg, dass es Geld bedeutungslos machte. Die neue Wirklichkeit ist, dass Kredit Geld als entscheidende Wirtschaftsvariable abgelöst hat.«[17]

Dieser Zusammenhang ist für verschuldete oder überschuldete Länder wie Griechenland, Portugal oder die USA von größter Bedeutung. Eine Regierung, die spart und Schulden abbaut, anstatt neue zu machen, würde ihre Wirtschaft in den Abgrund reißen und könnte getrost davon ausgehen, nicht wiedergewählt zu werden – also exakt das, was wir zurzeit in vielen Ländern der Euro-Zone sehen. Ohne neue Schulden, ermöglicht von den Notenbanken und abgenickt von politischen Entscheidungsträgern, drohen ein Kollaps des Wirtschaftssystems und eine Wiederholung der Weltwirtschaftskrise der 1930er-Jahre.

Die westliche Welt hat damit den »Kapitalismus«, ein an und für sich recht stabiles Wirtschaftssystem, das dazu neigt, Ungleichgewichte mithilfe des oben beschriebenen Mechanismus aus sich heraus aufzulösen, hinter sich gelassen. »*Creditism*« –

»Kreditimus« – nennt Duncan stattdessen das vor 40 Jahren etablierte und noch heute gültige System.[18] Dies mag für viele, die den »Kapitalismus« kritisieren, etwas verwirrend sein – vielleicht auch überraschend oder gar, weil sie das Feindbild lieb gewonnen haben, enttäuschend. Man darf jedoch nicht vergessen, dass der »Kapitalismus« erhebliche Vorzüge bietet, von denen der wichtigste darin liegt, dass jede Regierung in einem kapitalistischen System eine Art Finanzkorsett trägt. Lebt sie auf Pump, wird ihre Ausgabelust eher früher als später gezügelt. Im »kreditistischen« System der vergangenen 40 Jahre können mangels Korsett die Schulden ungehemmter wachsen – bis zum Kollaps. Wenn Kritiker also argumentieren, dass »der Kapitalismus« die Welt an und in den Abgrund gebracht hätte, sollte man das so nicht stehen lassen. In einem kapitalistischen System, wie die westliche Welt es bis vor etwa 40 Jahren aufwies, hätte die heutige Schuldenkrise in dieser systemischen Tiefe und Breite überhaupt nicht entstehen können.

Das Ende des Bretton-Woods-Goldstandards leitete in weiten Teilen der Welt eine in der Geschichte der Menschheit beispiellose Schuldenexplosion ein. 1971 lagen die Schulden der amerikanischen Regierung bei 400 Milliarden Dollar. Eine hohe Zahl, zugegeben. Sie relativiert sich, wenn man sich klarmacht, dass die US-Regierung für die Anhäufung eines solchen Schuldenbergs heute lediglich drei Monate braucht, was einer Neuverschuldung von annähernd 200 Millionen Dollar pro Stunde entspricht. Anfang September 2012 überschritten die Schulden der US-Regierung die Marke von 16 000 Milliarden beziehungsweise 16 Billionen Dollar. Nominal, also ohne Berücksichtigung der Inflation, haben sich Amerikas Zahlungsverpflichtungen in vier Jahrzehnten damit mehr als vervierzigfacht. Wenn Sie diese Zeilen lesen, vielleicht im Herbst des Jahres 2013, sind diese Werte längst Makulatur, und der dann aktuelle Schuldenstand wird noch weit höher liegen. Spätestens 2015 dürften Amerikas Staatsschulden, so Prognosen, die Marke von 20 Billionen Dollar übersteigen. Umgekehrt war eine Unze Gold Anfang 1971 genau 35 Dollar wert, während der Preis Mitte November 2012 bei 1730 Dollar lag. In Gold ausgedrückt hat der US-Dollar, die Leitwährung der Welt, 98 Prozent seines Werts verloren.

Auch das Bankensystem durchlief in den vergangenen vier Jahrzehnten einen radikalen Umbau. 1970 war beispielsweise keine einzige Investmentbank[19] börsennotiert. Als Privatunternehmen gingen sie Risiken auf eigene Rechnung ein. Lief etwas schief, hafteten die Partner der Gesellschaften mit ihrem Privatvermögen. Sie hatten daher einen überzeugenden Anreiz, einen großen Bogen um undurchsichtige oder unkontrollierbare Risiken zu machen. Das änderte sich mit dem freizügigeren Umgang mit Schulden und der Wandlung vieler Investmentbanken in börsennotierte Unternehmen, die sich neuen Aktionärskreisen öffneten. Die Risiken, die Investmentbanken und ihre Partner eingingen, wurden bald von anderen mitgetragen, was das Risikoprofil änderte. Ging eine riskante Finanzwette gut, profitierten alle; ging sie daneben, trugen nun die Kapitalgeber den Schaden.[20] Ging sie so gründlich daneben, dass die Investmentbanken – nennen wir zwei von ihnen mit Namen: Bear Stearns und Lehman Brothers – in ihrer Existenz gefährdet waren, bekamen alle anderen Finanzinstitute und damit Regierungen ein Problem, weil das Finanzsystem zu kollabieren drohte.[21]

Der Verlauf der Finanz- und Schuldenkrise

Vor allem machte die Welt in den vergangenen 40 Jahren im Zuge der dramatisch steigenden Schulden aber Erfahrungen mit einem neuen – oder im Bewusstsein vieler nicht mehr präsenten – Phänomen, der Schuldenkrise, wann immer Zahlungsverpflichtungen sich irgendwo als untragbar, also »faul«, herausstellten. Die Liste reicht von Lateinamerika in den 1970er- und 1980er-Jahren über Mexiko (1994/95) und Südostasien (1997/98) bis zu Russlands Staatspleite (1998). Knapp zehn Jahre später kamen schließlich die großen Volkswirtschaften an die Reihe, die den Regierungen von Schwellenländern zuvor Wasser gepredigt und selbst Wein getrunken hatten – erheblich mehr, als ihnen guttat. In den USA sorgte das Platzen einer Immobilienblase, die in ihren grotesken Auswüchsen durchaus typisch für derart spekulative Phasen war, für Schneisen der Verwüstung im Bankensystem, in der realen Wirtschaft und in den Regierungsfinanzen. Überraschend war dies nicht; jahrzehntelang hatte die US-Notenbank jedes wirtschaftliche Problem »gelöst«, indem sie billiges Geld bereitstellte, dessen günstige Konditionen einen erheblichen Anreiz für Schulden in zuvor unvorstellbarem Umfang darstellten. Japan, damals die zweitgrößte Volkswirtschaft der Welt, hatte in den 1990er-Jahren eine ähnliche und in ihren Begleiterscheinungen nicht weniger groteske Krise durchgemacht, die bis heute nicht ausgestanden ist. Die Staatsverschuldung Japans ist aktuell höher denn je und lässt in der Statistik selbst Griechenland weit hinter sich.

Nicht anders in Europa – wobei man stets im Hinterkopf behalten sollte, dass in anderen Erdteilen eine ganze Menge passiert war, bevor die Finanzmarkt- und Schuldenkrise überhaupt nach Europa schwappte und den gemeinsamen Währungsraum in seiner Existenz gefährdete.

Anfang der 1990er-Jahre – Deutschland war soeben wiedervereinigt und wirtschaftlich angeschlagen, für einige Länder Europas indes aufgrund seiner Größe und der Erfahrungen im 20. Jahrhundert mit Fragezeichen versehen – trat der Prozess der europäischen Einigung in eine neue Phase ein. 1992 wurde der Maastricht-Vertrag verabschiedet, der die Rahmenbedingungen und Spielregeln für die kommende Währungsunion festlegte. Etwas später folgte ergänzend der sogenannte Stabilitäts- und Wachstumpakt, der, wie wir heute wissen, weder mit »Stabilität« noch mit »Wachstum« oder »Pakt« (im Sinne von belastbarem »Vertrag«) auch nur das Geringste zu tun hatte. Die europäische Gemeinschaftswährung nahm nach und nach Gestalt an und begann am 1. Januar 1999 mit der buchhalterischen Etablierung des Euro in elf Ländern, gefolgt am 1. Januar 2002 von Bargeld. Die Einführung der neuen Währung war – zumindest in Deutschland – ein Akt von oben, der gegen den Widerstand der Mehrheit der Bevölkerung erfolgte, und die Währungsunion wurde ohne vorherige politische Union auf den Weg gebracht. Die Idee war – die Hauptverantwortung lag an dieser Stelle bei Bundeskanzler Helmut Kohl –, auf Währungsunion und wirtschaftliches Zusammenwachsen eines Tages die politische Union folgen zu lassen.

Das geschah in lauterer Absicht, ging aber, wie heute klar ist, gründlich schief. Hätten die Verantwortlichen in den Geschichtsbüchern nachgelesen, hätten sie möglicherweise erkannt, dass diese Reihenfolge sich in der Vergangenheit nicht empfohlen hatte. Im Gegenteil: Auf die politische Union folgte in der Regel die gemeinsame Währung – etwa nach der politischen Einigung und Staatsgründung Italiens oder Deutschlands in der zweiten Hälfte des 19. Jahrhunderts. Die Folgen dieses eklatanten strategischen Fehlers liegen auf der Hand. Anstatt die politische Union nach sich zu ziehen, gefährdet eine missratene Währungsunion nun den Gesamtprozess der europäischen Einigung, der nach dem Ende des Zweiten Weltkriegs einsetzte.

Zugleich hatten viele Regierungen in Deutschland und Europa in den 1990er-Jahren derart großes Selbstbewusstsein und Vertrauen in die Richtigkeit und Zwangsläufigkeit ihrer weitreichenden Entscheidungen, dass sie bei Gründung der Euro-Zone gewissermaßen alle Schiffe hinter sich verbrannten, was ihre Zuversicht und die »Ewigkeit« der neuen Währung signalisieren sollte. Inzwischen haben viele von ihnen ihre Glaubwürdigkeit verloren, und der Euro scheint von eher unewiger Dauer zu sein. Selbst die Regierenden haben festgestellt, das die verbrannten Schiffe – also Spielregeln für einen geordneten Rückzug aus dem Chaos eines nicht wie gewünscht funktionierenden Währungsraums – möglicherweise ganz nützlich hätten sein können.

2005 knackt Deutschland erneut die Drei-Prozent-Defizithürde beim Haushaltsdefizit, ohne dass dies, wie eigentlich vertraglich vereinbart, hässliche Konsequenzen hätte. Auch Frankreichs Regelverletzungen bleiben folgenlos. Der Stabilitätspakt ist damit ausgehebelt – keineswegs von südeuropäischen Euro-Ländern, sondern von den beiden EU-Kernstaaten Deutschland und Frankreich, ohne die in EU und Euro-Zone wenig bis nichts geht. »Deutschland und Frankreich haben den Stabilitätspakt gemeuchelt«[22], meint Otmar Issing, ehemaliger Chef-volkswirt der EZB.

Der Anfang vom Ende des Finanzsystems, das seit annähernd 40 Jahren Bestand hatte, liegt zeitlich im Sommer 2007. Ein erstes Warnsignal geht von der bereits erwähnten US-Invest-mentbank Bear Stearns aus, deren *High-Grade Structured Cre-dit Strategies Enhanced Leverage Fund* sich mit Wetten auf den Immobilienmarkt vertan hat. (Diesen Namen, frei übersetzt un-gefähr *Hochgradig strukturierter, schuldenstrategieverstärkter He-bel-Fonds,* muss man nicht kommentieren; als dieses Geschoss aufgelegt wurde, schien das den Verantwortlichen und den In-vestoren ein überzeugendes Etikett zu sein.) Am 9. August 2007 räumt die französische Großbank BNP Paribas eklatante Ver-luste mit amerikanischen Hypothekendarlehen ein. Die EZB stellt erstmals Liquidität bereit – eine Maßnahme zur Beruhi-gung der Finanzmärkte, die bis heute kein Ende gefunden hat. Großbritannien erlebt 2007 den ersten Bank Run in 150 Jahren, als Kunden die Filialen von Northern Rock stürmen. Die Bank wird im Februar des folgenden Jahres verstaatlicht.

Den größten Schock erlebt die Welt aber erst am 15. Sep-tember 2008, als die US-Investmentbank Lehman Brothers, ein Gigant im globalen Finanzsystem, von der Regierung in Washington eben *nicht* gerettet oder übernommen wird, son-dern pleitegeht. An den Finanzmärkten bricht Panik aus; kaum noch eine Bank leiht der anderen Geld; die Kreditwürdigkeit einer Vielzahl von Akteuren an den Börsen steht plötzlich in-frage. Dies ist gewissermaßen ein Herzinfarkt des Finanzsys-tems: Die Zirkulation des Bluts, der Liquidität, ist unterbro-chen, und der gesamte Organismus droht schlagartig zu sterben.

Führende Finanzinstitute – mit AIG eine der größten Versicherungen der Welt, die Hypothekenfinanzierer Fannie Mae und Freddie Mac, die fünf großen Investmentbanken der USA, von denen keine einzige in ihrer damaligen Form überleben wird – sind in ihrer Existenz gefährdet. Viele Finanzinstitute werden von Regierungen übernommen, um Schlimmeres zu verhindern. In Deutschland geraten derart viele staatlich gelenkte oder beeinflusste Banken, die für Milliarden desolate Wertpapiere in ihre Bücher genommen haben, in Schwierigkeiten – darunter Sachsen LB, WestLB, Bayerische Landesbank und IKB –, dass der Schluss naheliegt, dass Banker im Zuge ihrer Arbeit zwar sportlich gegen die Wand fahren können (wo der Steuerzahler sie dann einsammeln darf), Politiker dies aber noch viel schöner können (dito).

Notenbanken und Regierungen intervenieren, übernehmen große Teile des Banken- und Finanzsektors, setzen in kürzester Zeit Beträge in Bewegung, die noch kurz zuvor undenkbar gewesen wären. Im Kern bedeutet dies, dass Steuerzahler in Schwierigkeiten geratene Großverdiener im Finanzsektor mit Unterstützungszahlungen retten. Die US-Notenbank Federal Reserve, die EZB und andere wichtige Zentralbanken der Welt stellen mit den ihnen zur Verfügung stehenden Instrumenten Liquidität bereit, die Banken und anderen Finanzakteuren hilft und die Börsen stützt. In aller Welt ziehen die Nahrungsmittelpreise an, was in einzelnen Ländern zu Unruhen führt und in mehreren Staaten Nordafrikas und des Nahen Ostens einen Extra-Treibsatz für den Arabischen Frühling darstellt.

Ein für Deutschland fürchterlicher – und historisch bedeutsamer – Moment ereignet sich im Oktober 2008, als Bundeskanzlerin Angela Merkel gemeinsam mit dem damaligen Bundesfinanzminister Peer Steinbrück die Notbremse zieht. Sie »garantieren« vor laufenden Kameras die »Sicherheit« aller Spareinlagen der Deutschen: »Wir sagen den Sparerinnen und Sparern, dass ihre Einlagen sicher sind. Auch dafür steht die Bundesregierung ein.« Ein Bluff natürlich: Wenn das Geld der Deutschen »sicher« wäre, müsste man solche »Garantien« überhaupt nicht abgeben. Aber darum geht es nicht. Es geht darum, einen Bank Run in Deutschland im Keim zu ersticken, der das Finanzsystem bei uns und in zahlreichen anderen Ländern kollabieren lassen würde. Das gelingt immerhin. Ein Vertrauensbeweis für die Stabilität der Währung und des Bankensystems sieht jedoch anders aus. Bert Flossbach, einer der führenden Vermögensverwalter in Deutschland, hat die Aussage der Kanzlerin, ohne sich indes direkt auf sie zu beziehen, im September 2012 trefflich relativiert. »Wer heute Geld für bis zu drei Jahre sicher anlegt, spendet an den Staat. Das einzig Sichere an sicheren Anlagen ist der reale Wertverlust.«[23]

Während sich die dramatischsten Szenen der Finanzkrise in der Anfangszeit vor allem in den USA abspielen, verlagert sich der Fokus etwa im Herbst 2009 nach Europa. Island und Irland brechen unter der Last ihrer Bankenprobleme zusammen. Im Mittelpunkt des Durcheinanders steht seitdem aber Griechenland, bis heute. Am 12. Januar 2010 präsentiert die Athener Regierung Defizitdaten, die niemand so recht glauben kann.[24] Wenig später wird bekannt, dass die ehemalige Investmentbank Goldman Sachs, die sich mittlerweile in einer kühnen Rettungsaktion rasch in eine reguläre Geschäftsbank umgewandelt hat[25], Griechenland beim Verschönern der Staatsbilanzen mithilfe von

Derivaten geholfen hat, die kaum jemand verstand, nicht einmal die Griechen. Das griechische Haushaltsdefizit liegt plötzlich bei 12,7 Prozent – viel höher, als zuvor von der Regierung in Aussicht gestellt.[26] Die Zahlen belegen, dass Griechenland kein Liquiditätsproblem hat, das man mit der Bereitstellung von Geld hätte überbrücken können, sondern ein Solvenzproblem, bei dem alle neuen Mittel nicht mehr helfen. Es wird seine Schulden aus eigener Kraft nie zurückzahlen können.

Im Herbst 2010 steht außerdem Irland, das sich mit der Stabilisierung seines Bankensektors, gigantisch aufgeblasen durch einen Immobilienboom, völlig übernommen hat, auf der Kippe. Die Ära der »Rettungsschirme« und Buchstabenkürzel ist angebrochen – der Rettungsschirme, die weder retten noch beschirmen. Zugleich beginnt sich die Finanzierung der sogenannten PIIGS-Länder[27] durch die reicheren Mitglieder der Euro-Zone im Rahmen des Target-Verrechnungssystems der europäischen Notenbanken dramatisch auszuweiten. Die »temporären« Rettungsschirme werden wenig später permanent. Die EZB kauft Anleihen finanziell angeschlagener Euro-Staaten und legt ein viele Hundert Milliarden Euro schweres, in seiner Ausrichtung bemerkenswert unbalanciertes Portfolio an, das man nicht anders als Junk, Schrott, bezeichnen kann. Jeder Privatanleger, dessen Vermögen eine vergleichbare Struktur wie das Anlagevermögen der EZB aufweist, würde von seiner Hausbank als unzurechnungsfähig angesehen werden. Die Geschichte zeigt, dass bedauerlicherweise auch Notenbanken und ihre führenden Persönlichkeiten immer wieder lange Phasen erleben, in denen sie hinter ihren Möglichkeiten zurückbleiben – mehr dazu später.

Begleitet wird die Krise vom Exodus mehrerer höchst kompetenter und prinzipientreuer Notenbanker aus Deutschland. Anfang 2011 verabschiedet sich der damalige Bundesbank-Präsident Axel Weber aus der Sphäre der EZB und steht damit nicht mehr als ihr künftiger Präsident zur Verfügung – eine der für Deutschland vielleicht folgenreichsten Einzelentwicklungen der vergangenen sechs Krisenjahre. Er warnt fortan vor dem Ankauf von Staatsanleihen durch die EZB.[28] Am 9. September 2011 kündigt Jürgen Stark, Chefvolkswirt der EZB, seinen Rücktritt an – ein weiteres Misstrauensvotum an die EZB.[29] Stark macht im Jahr 2010 eine »Zäsur« aus: »Bis dahin ist alles gut gelaufen. Dann hat die EZB begonnen, sich in eine neue Rolle zu begeben – in Panik zu verfallen.«[30] Der Ende Mai 2010 erfolgte abrupte Rücktritt von Bundespräsident Horst Köhler, als ehemaliger Präsident des Deutschen Sparkassen- und Giroverbandes und als Ex-IWF-Chef ein ausgewiesener Finanzexperte, könnte ebenfalls im Zusammenhang mit den damals forcierten Lösungsansätzen der Politik stehen.[31]

Trotz der Bereitstellung von Liquidität steigen die Schulden in den am meisten betroffenen Staaten jedoch weiter. Allein zwischen März und Juni 2012 – also nach zahlreichen Rettungsaktionen (die nichts retteten) und einem »freiwilligen« Schuldenverzicht der Gläubiger (der nicht freiwillig war) – steigen die Verpflichtungen Griechenlands um mehr als 23 Milliarden Euro[32] auf 303,5 Milliarden Euro. Dies entspricht für diesen Zeitraum einem Anwachsen des staatlichen Schuldenbergs in Athen von deutlich mehr als 700 Euro pro Monat und Grieche. Auf Deutschland übertragen würde dies bedeuten, dass die Staatsschulden monatlich um etwa 60 Milliarden Euro steigen. Das wären gut 700 Milliarden Euro Extraschulden binnen eines

Jahres. Ungewöhnlich ist angesichts dieser Zahlen nicht, dass Griechenland heute zahlungsunfähig ist, sondern dass es in den vergangenen Jahrzehnten *nicht* zahlungsunfähig war.[33]

Die Lage in den übrigen PIIGS-Staaten ist weniger verheerend. Sie verschlechtert sich allerdings in mehreren von ihnen. Das Kernproblem, das diese fünf und einige weitere Mitglieder der Euro-Zone teilen, ist der Verlust ihrer Wettbewerbsfähigkeit. Wenn dies in der Vor-Euro-Ära passierte – was eher Regel als Ausnahme war –, hatten Länder wie Italien und Griechenland mit ihren eigenen Währungen ein Instrument, um Abhilfe zu schaffen: die gezielte Abwertung von Lira und Drachme gegenüber Mark und anderen Starkwährungen. Diese Entwertung der eigenen Währung in Relation zum Ausland führte in der Vor-Euro-Zeit zu einer raschen Verbesserung der Wettbewerbsfähigkeit, da heimische Waren und Dienstleistungen für Handelspartner in anderen Währungsräumen billiger wurden – also beispielsweise italienische Möbel oder eine Urlaubsreise nach Griechenland für Nordeuropäer preiswerter. Mit der Einführung des Euro fiel dieses Instrument aus; Griechen und andere können seitdem ihre Wettbewerbsfähigkeit nur verbessern, indem sie ihre Preise und Löhne senken. Dies ist für jede Volkswirtschaft ein außerordentlich langwieriger und schmerzhafter Prozess. Er führt zu kurzfristig drastisch steigender Arbeitslosigkeit, einem Einbruch der Wirtschaftsleistung, Kürzungen von Sozialleistungen, zu echter Not. Zu genau dem also, was wir seit mehreren Jahren in Südeuropa und Irland sehen.

Heute »befinden wir uns auf der Spitze eines 40 Jahre währenden, schuldengetriebenen Wirtschaftsbooms, ohne dass wir klare Instrumente für eine weitere Schuldenexpansion hätten«, so Duncan. »Jeder Boom fällt in sich zusammen. Und der Zusammenbruch passiert, wenn Schulden nicht weiter wachsen.«[34] Sobald Regierungen und Notenbanken aufhören zu intervenieren – also weitere Liquidität bereitzustellen, um den Schuldenmotor am Laufen zu halten –, droht die systemische Krise wiederaufzuflammen. Dabei ist eine Staatsverschuldung von mehr als 90 Prozent des Bruttosozialprodukts ein nützlicher empirischer Eckwert, wie die amerikanischen Wirtschaftswissenschaftler Carmen M. Reinhart und Kenneth Rogoff ermittelt haben.[35] Steigen die Schulden über diese Marke, ist oft ein *point of no return* erreicht: Es wird für Staaten unmöglich, ihre Schulden dauerhaft zurückzufahren und zu bedienen. Die Staatsverschuldung in vielen »reich« genannten Ländern der westlichen Welt liegt heute deutlich darüber, so in den USA, in Japan und Italien. Deutschland steht kurz davor, die 90-Prozent-Hürde zu nehmen. Selbst die stereotypische Boomwirtschaft der vergangenen 20 Jahre, China, hat, soweit dies aufgrund der politisch gewollten Intransparenz der chinesischen Staatsfinanzen zu beurteilen ist, ein erhebliches Schuldenproblem.

Strategien zum Schuldenabbau

Es gibt selbstverständlich verschiedene sinnvolle Vorgehensweisen, um die weltweit außerordentlich hohen Schuldenstände zu verringern. Das Hauptproblem liegt nicht darin, dass Regierungen und Zentralbanken nicht wüssten, dass es diese Lösungsansätze gibt. Der Haken sind ihre Begleiterscheinungen. Die fünf wichtigsten Strategien sind die folgenden:

- Ein Abbau der Schulden durch **Wirtschaftswachstum.** Dies ist die eleganteste Lösung, die beispielsweise die USA nach dem Zweiten Weltkrieg, als die Verschuldung des Landes außerordentlich hoch war, verfolgten.[36] Ist eine Volkswirtschaft verschuldet, wächst aber jährlich, ohne weitere Schulden zu machen (und ohne exorbitant hohe Zinsen zahlen zu müssen), verringert sich die Schuldenquote Jahr für Jahr. Sehr schön; im Prinzip. Griechenland wiederum, das eine untragbare Staatsverschuldung aufweist und extrem hohe Zinsen dafür bezahlen muss, würde selbst mit respektablem Wachstum ein langfristiges Problem haben.

- Eine Verringerung der Schulden durch **Sparsamkeit.** Natürlich: Eine konsequente Haushaltsführung gepaart mit den Prinzipien umsichtiger Ausgabendisziplin sind löbliche Ansätze, sowohl für Staaten als auch für Privathaushalte. Sie können Wunder wirken. Als Gegenbeispiel führe ich einen Haushalt an, der nach allen Regeln der Buchhaltung überschuldet ist. Die Familie ist von der Notwendigkeit des Sparens überzeugt und willens. Aber wenn am Ende der Entschuldungsmaßnahmen das Geld nicht zum Essen reicht, wird dieser Ansatz nicht funktionieren. Erfolgreiche Operationen, an deren Ende der Arzt stolz, der Patient aber tot ist, sind nicht optimal. Das gilt auch für Staaten, bei denen Sparsamkeit funktionieren kann, aber nur, solange die Leidensfähigkeit der Bevölkerung nicht überschritten wird. Die Wähler stürmen sonst irgendwann die Parlamente oder stimmen mit den Füßen ab, indem sie auswandern.

- **Staatspleiten.** Eigentlich keine schlechte Idee der Entschuldung, bei der vor allem jene in Mitleidenschaft gezogen werden, bei denen sich Mitleid in Grenzen halten sollte: die Geldgeber, die finanziell zweifelhaften Schuldnern im Zuge der Renditemaximierung Geld geliehen haben. Staatspleiten und Schuldenschnitte hat es zu allen Zeiten gegeben; hundertfach gingen Staaten in der Vergangenheit bankrott, ohne dass sie von der Landkarte verschwunden wären. Die Kosten eines solchen Schritts wären heute gleichwohl immens. Allein im Fall Griechenlands dürften sie im dreistelligen Milliardenbereich liegen, vielleicht noch höher. Eine der wichtigsten, kontrovers diskutierten Fragen lautet heute, ob die Alternative – das Vermeiden solcher Pleiten mithilfe von zeitlich und in ihrer Höhe unbegrenzten Rettungsaktionen – teurer ist oder nicht.

Auch die Folgen für die Bevölkerung sind bei dieser »Lösung« nicht zu unterschätzen: Wird ein Land zahlungsfähig – ich denke etwa an Argentinien vor zehn Jahren –, sind die realen Folgen für die Wirtschaft immens, und das Land ist auf Jahre von den Finanzmärkten abgeschnitten.

Was mögliche Staatsinsolvenzen in Europa angeht, ist die entscheidende Hürde jedoch die Politik. Viele Regierungen, allen voran die deutsche unter Angela Merkel, wollen keine Pleite eines Mitglieds der Euro-Zone zulassen, weil damit Europa in seinen Grundfesten erschüttert werden würde und die europäische Einigung, Leitthema seit Ende des Zweiten Weltkriegs, infrage stünde. Vorerst gilt, dass nicht sein kann, was nicht sein darf.

- **Inflation.** Sie ist in weiten Teilen der deutschen Bevölkerung, in der die Echos der Hyperinflation 1923 und der Währungsreform 1948 nachwirken, aus gutem Grund gefürchtet. Steigende Preise und Geldentwertung führen zu einer enormen Umverteilung des Vermögens in einer Gesellschaft und zur Enteignung weiter Teile der Bevölkerung. Wer nominale Vermögenswerte besitzt, wird sie nach einer inflationären Phase immer noch haben, von ihrem Nominalwert aber deutlich weniger – schlimmstenfalls gar nichts mehr – kaufen können. Wer Schulden hat, wird zügig entschuldet. Trotz dieser Umverteilung wird Inflation, wie im folgenden Teil dieses Buchs diskutiert wird, in aller Wahrscheinlichkeit ein wichtiges Instrument bei der Gesamtlösung der heutigen Finanzkrise sein.

- Die **finanzielle Repression durch den Staat.** Die Wirtschaftswissenschaftler Carmen M. Reinhart und M. Belen Sbrancia haben jüngst zu Recht darauf verwiesen, dass Staaten in der Lage und willens sind, im Zuge einer Entschuldung finanzielle Folterinstrumente einzusetzen.[37] Dieser Ansatz ist als Teil der Krisenlösung, der Name sagt es bereits, unappetitlich. Er ist ebenfalls, wie der vierte Teil dieses Buchs ausführt, wahrscheinlich.

Wo stehen wir heute? Sicher ist Anfang 2013, dass viele Südeuropäer die ihnen verordnete Sparsamkeit ebenso satthaben wie viele Nordeuropäer die von ihnen verlangte finanzielle Dauerrettung und -subventionierung. Sicher ist ebenfalls, dass die größten Notenbanken der Welt, darunter die EZB und die Fed sowie die Zentralbanken in Japan und Großbritannien, die Welt seit Jahren mit Liquidität fluten und Geld in historisch selten gesehenem Ausmaß drucken. Fed und EZB haben darüber hinaus angekündigt, dies auf unabsehbare Zeit und mit allen zur Verfügung stehenden Mitteln fortzusetzen, also mehr und mehr Geld zu drucken. Das machte schon Rudolf Havenstein, einst Präsident der deutschen Reichsbank, dem wir im nächsten Abschnitt wiederbegegnen werden – kein gutes Omen. Viele sogenannte reiche Länder wie die USA, Italien und Japan haben Schulden von mehr als 100 Prozent ihrer jährlichen Wirtschaftsleistung. In den »armen« Schwellenländern liegt der Vergleichswert bei 30 Prozent. Es versteht sich, dass die Begriffe »reich« und »arm«, die wir in dieser Zuordnung seit Jahrzehnten gewohnt sind, unscharf geworden sind.

Dies ist zugegebenermaßen eine äußerst kurze, zwangsläufig aus wenigen Facetten bestehende Version der Finanzkrise. Es gibt selbstverständlich ausführlichere und bessere Abhandlungen, die den Rahmen dieses dünnen Buchs jedoch sprengen würden.[38] Es geht indes *noch* kompakter:

Im Laufe der vergangenen 40 Jahre wurden in den *Fiatmoney*-Systemen der westlichen Welt hohe Schulden aufgebaut. Eine Schuldenkrise entstand, als in vielen Ländern – ausgehend von den USA, der größten Volkswirtschaft – eine kreditfinanzierte Immobilienblase platzte und zahlreiche Finanzunternehmen gefährdete, die von Regierungen und Notenbanken in zuvor nicht gekanntem Umfang gestützt wurden. Dies brachte wiederum die Regierungen an den Rand der Pleite, vor allem in Europa, wo gute Schuldner wie Deutschland nun für schlechte Schuldner wie Griechenland einstehen. Die Schulden verschwanden nicht, sie wurden lediglich weitergereicht. Die Europäische Währungsunion, die eigentlich die europäische Einigung vorantreiben sollte, hat sich, als aus Partnern auf

Augenhöhe Gläubiger und Schuldner wurden, zum Scheidungs-grund entwickelt.

Die Finanzkrise, die wir zurzeit durchleben, ist einerseits phantastisch komplex und in ihren feinsten Facetten für fast nie-manden verständlich. Zugleich ist sie in ihrer Essenz schreck-lich einfach.

Zwei Stufen der Ereigniskette stehen noch bevor: erstens die Entwertung der Bilanzen der Notenbanken, zweitens die Voll-endung der Umwälzung der Kosten auf die Verbraucher jener Länder, die noch zahlungsfähig sind. Dazu gehört Deutschland.

Bei der Weiterreichung der Kosten spielen zwei Phänomene, die seit Ausbruch der Krise im Jahr 2007 quasi gegeneinander kämpfen, eine zentrale Rolle: Deflation und Inflation. Sie wer-den entscheiden, unter welchem Vorzeichen die kommenden Jahre stehen werden, und verdienen eine separate Betrachtung im nächsten Kapitel.

III. Deflation? Inflation?

»Die große Mehrheit […] verwandelte sich jetzt in verzwei-
felte Optimisten, die erklärten, Inflation wäre Wohlstand.
[…] Die Nation wurde trunken an Papiergeld. Es war
das gute Gefühl, dass ein Trinker gleich nach seinem ersten
Schluck hat; und man muss hier als einfache historische, dem
Physiologischen entsprechende Tatsache festhalten, dass die
aufeinander folgenden Phasen des Wohlgefühls in dem Maße
kürzer wurden, in dem sich der Nachschub an Papiergeld
beschleunigte.«
– Andrew Dickson White: Fiat Money Inflation in
France[39]

Es gab und gibt zwei Sichtweisen auf die Begleiterscheinungen des Finanzdebakels seit 2007. Die eine konzentriert sich
auf die Möglichkeit einer Deflation, also auf breiter Front *fal-*
lender Preise – ein aus Gründen, auf die ich in Kürze einge-
he, außerordentlich unschönes Szenario. Die andere stellt das
Risiko einer Inflation, also auf breiter Front *steigender* Preise,
in den Vordergrund – ein ebenfalls außerordentlich unschönes
Szenario. Beide Leitthemen sind in der aktuellen Krise wichtig
und lehrreich. Beide haben für Wirtschaft und Verbraucher in
der Euro-Zone und in der gesamten Welt potenziell katastrophale Folgen, wobei der Weg ins Elend allerdings verschiedenen Routen folgt.

Jede dramatische Veränderung des Preisniveaus, egal ob Inflation oder Deflation, stellt eine Umverteilung von Vermögen und Kaufkraft dar. Es gibt stets Gewinner und Verlierer. Bei einer völligen Geldentwertung, wie die deutsche Gesellschaft sie in der Weimarer Republik erlebte, ist die Zahl der Gewinner klein, die der Verlierer groß. Gewinner waren damals die sogenannten Raffkes. Der Unternehmer Hugo Stinnes wurde beispielsweise zu einem der reichsten Männer der Welt, bevor sein Imperium kurz nach seinem Tod 1924 zusammenbrach.

Die Deutschen leben in subtiler, kollektiver Angst vor Inflation, was sich aus ihrer Geschichte mit zwei Phasen der Geldentwertung nach dem Ersten und dem Zweiten Weltkrieg erklärt. Die Erfahrung in vielen anderen Teilen der Welt – insbesondere im angelsächsisch geprägten Raum – war im 20. Jahrundert allerdings eine völlig andere: Hier war vor allem die deflationäre Phase in den 1930er-Jahren prägend. Dieses in der Großen Depression durchlebte Trauma wirkt bis heute nach.

Vier Begriffe sind an dieser Stelle wichtig, die ich zum besseren Verständnis dieses Kapitels kurz erläutern will:

- Der Ausdruck **Inflation** hat seine Wurzel im lateinischen Wort *inflare*, »aufblähen«. Gemeint ist ein Aufblähen der Geldmenge und der Preise, was die Kaufkraft senkt. Von 1999 bis 2010 lag der jährliche Preisanstieg im Euro-Raum im Durchschnitt bei zwei Prozent. In Deutschland waren es unterdurchschnittliche 1,5 Prozent, in Griechenland, seit 2001 dabei, 3,4 Prozent.[40] Notenbanken sind in der Regel mit sich und der Wirtschaftswelt zufrieden, wenn die Preise jährlich um zwei Prozent oder etwas weniger steigen.

- **Hyperinflation** beschreibt »Überinflation«, also eine extreme Form der Inflation. Üblicherweise ist damit ein Anstieg des allgemeinen Preisniveaus um mehr als 50 Prozent *monatlich* gemeint.[41] Phasen der Hyperinflation hat es keineswegs nur in Deutschland Anfang der 1920er-Jahre gegeben, sondern zu allen Zeiten in zahlreichen anderen Ländern. In der jüngeren Vergangenheit durchlebten beispielsweise Simbabwe und der Iran hyperinflationäre Phasen.

- Ein **disinflationäres** Umfeld zeichnet sich durch fallende Inflationsraten aus, etwa wenn die Preissteigerung von sechs Prozent jährlich auf drei Prozent fällt.

- Eine **Deflation** liegt vor, wenn die Preise über einen längeren Zeitraum auf breiter Front fallen. Anders ausgedrückt handelt es sich um eine hartnäckige negative Inflation.

Die Notenbanken der Welt sind sich einig darin, dass Disinflation im Prinzip erfreulich ist und Hyperinflation eine volkswirtschaftliche Katastrophe. Was Inflation und Deflation anbelangt, sind die Sensibilitäten unterschiedlich gelagert:

- Die **Bundesbank** ist eine deutsche Institution, die im Vorfeld der Euro-Einführung aufgrund ihrer Unabhängigkeit von der Politik und ihrer im Laufe mehrerer Jahrzehnte erworbenen Vertrauens- und Glaubwürdigkeit einen in aller Welt geschätzten Ruf hatte. Ihr programmatischer Unterbau ist von den Erfahrungen 1923 und 1948 geprägt, als die Deutschen – im ersteren Fall unter intensivster Mitwirkung der Reichsbank und ihres verblendeten Präsidenten Havenstein – nahezu alle Ersparnisse und große Vermögenswerte verloren.

Die Bundesbank soll und will vor allem den inneren Wert der Währung erhalten und Inflation vermeiden. Jens Weidmann, aktuell Präsident der Bundesbank, sieht das erfreulicherweise noch immer so. Leider ist die Bundesbank im Zuge der Finanzkrise weitgehend entmachtet worden. Sie ist zurzeit wenig mehr als eine nachrangige Verwaltungseinheit der Europäischen Zentralbank. Ihre politische Ausrichtung auf das Primat der Geldwertstabilität ist bedeutungslos geworden.

- Ein anderes Modell wird von der **Federal Reserve,** dem Notenbanksystem der Vereinigten Staaten, verfolgt. Im kollektiven Gedächtnis Amerikas war im 20. Jahrhundert keine Inflation prägend, sondern die Depression der 1930er-Jahre, die zu einem verheerenden Wirtschafts- und Handelskollaps, Banken- und Unternehmenspleiten, Massenarbeitslosigkeit und Armut führte – und zu jahrelang auf breiter Front fallenden Preisen, die die Schuldenkrise noch vergrößerten. (Fallen die Preise, steigt der reale Wert bestehender Schulden.) Auch hier war die Regierung, die die Wirtschaft anfangs nicht stimulierte, sondern durch Sparmaßnahmen weiter abbremste, in der Verantwortung. Die Fed, zurzeit geführt von Ben Bernanke, fürchtet Deflation noch heute sehr viel mehr als Inflation und bringt aus diesem Grund eine größere Bereitschaft mit, die Wirtschaft mit Bereitstellung von frischem Geld – also dem »Drucken« neuen Geldes – zu stimulieren. Der Fed-Ansatz dominiert heute das Denken der Notenbanken in aller Welt.

- Die **Europäische Zentralbank** (EZB) wiederum, einst als »europäische Bundesbank« geplant, sollte dementsprechend unabhängig sein und sich auf die Stabilität des Geldes und der Preise fokussieren – ein Ansatz, auf dem die Bundes-

republik in der Gründungsphase der europäischen Gemeinschaftswährung bestand und den die Partnerländer in Europa
guthießen. In den Jahren seit Ausbruch der Krise im Sommer
2007 hat sich die EZB indes zu einer Art »europäischer Fed«
gewandelt. Die Folgen dieser Umorientierung sind enorm: In
der Euro-Zone gibt es zurzeit keine legitime Instanz, die sich
um die Inflationsgefahr kümmern würde, die sich früher oder
später aus der Ausweitung der Geldmenge ergibt. Jens Weidmann folgt weiterhin den Prinzipien der deutschen Notenbank, steht aber auf verlorenem Posten, da er über kein Veto
bei der EZB verfügt. Die Bundesbank ist zum Ausführungs-
organ der EZB geworden, zu einer nachrangigen Institution, und ihre Vertreter und Anhänger, eine kleine Minderheit,
werden innerhalb der EZB-Gremien – und von weiten Teilen der deutschen Politik – überstimmt oder ignoriert. Die
Entmachtung der Bundesbank ist längst erfolgt, auch wenn
dies vielen Menschen in Deutschland noch nicht bewusst ist.

Mario Draghi, aktuell EZB-Präsident, verfolgt ein an die Fed
angelehntes EZB-Modell, nicht das Bundesbank-Modell. Über
die Frage, ob dies rechtlich sauber ist oder nicht, lässt sich trefflich streiten. Der FDP-Bundestagsabgeordnete Frank Schäffler
ist beispielsweise der Meinung, dass die EZB rechtswidrig die
Grundlagen des Euro verändere und damit zum eigentlichen
Systemrisiko werde.[42] Ungeachtet der offenen Fragen ist heute jedoch klar, dass die EZB die von der Bundesbank vertrete-
nen Prinzipien hinter sich gelassen hat. Dies ist insofern tragisch, als die Fortführung des bewährten Bundesbank-Ansatzes
den meisten Deutschen im Zuge der Etablierung der Gemein-

schaftswährung das wichtigste Anliegen war. Wenn wir schon die Bundesbank freiwillig aufgeben, wurde damals argumentiert, dann möchten wir im Gegenzug wenigstens eine glaub- und vertrauenswürdige »Bundesbank für die Euro-Zone« bekommen. Dieser Wunsch ist nicht in Erfüllung gegangen.

Der Wirtschaftshistoriker und Politiker Adam Fergusson schreibt über die deutschen Erfahrungen mit ausufernder Inflation und die Rolle, die die Notenbank dabei spielte: »Die Unfähigkeit des Bankendirektoriums war in dieser Phase für viele unglaublich.« Der Chef der Zentralbank galt »als Hüter und Führer der orthodoxen Meinung der deutschen Finanzwelt« – und war doch ein »verrückter Banker, dessen alleiniges Ziel darin lag, das Land in Banknoten zu ertränken. [...] Die Beschreibung ist natürlich ungerecht; aber die Tatsache, dass diese in hohem Maße respektierte Finanzautorität über einen gesunden Verstand verfügte, machte bei der Verwüstung, die sie anrichtete, keinen Unterschied.«[43]

Die Rede ist von Rudolf Havenstein, Präsident der deutschen Reichsbank bis November 1923 und einer der Hauptverantwortlichen für die vollständige Geldentwertung in der Frühzeit der Weimarer Republik. Man kann Fergussons Sätze, die auf die bizarre Verbindung von Kompetenz und Tollheit zielen, mit etwas Gemeinheit indes auf Ben Bernanke oder Mario Draghi anwenden – verbunden mit der Frage, wie sie im Rückblick der Geschichte wohl beurteilt werden. Die Gefahr erscheint angesichts der seit Jahren verfolgten Ausweitung der Geldmenge in Europa und in den USA (und in mehreren anderen Ländern) groß, dass man sie in einem Atemzug mit Havenstein nennen könnte. Die Geldpolitik der EZB wird mit dem Begriff »Classic Banana Republic Banking«[44] durchaus angemessen umrissen. Allenfalls ist der Ausdruck irreführend, als viele Länder, in denen Bananen angebaut werden, heute eine solidere Geldpolitik verfolgen als EZB oder Fed. Die Politik der Notenbanken in den wichtigsten Währungsräumen der Welt gleicht in einigen Punkten jener, die viele lateinamerikanische Staaten in den 1980er-Jahren verfolgten. Auch damals war eine Schuldenkrise Ausgangspunkt, der rasche Geldentwertung und eine dramatische Wirtschaftskrise folgten. In diesem Sinne ist Europa, was seine Zentralbank angeht, lateinamerikanisiert worden. Das war, als der Euro ausgerufen wurde, nicht geplant.

Der Teufelskreis der Deflation

Selbstverständlich drucken EZB und Fed das viele Geld nicht ohne Grund: Sie haben Angst, dass eine erneute globale Finanzkrise, etwa angefacht von der Zahlungsunfähigkeit Griechenlands, der ein Austritt aus dem Euro-Raum folgen würde, zu Deflation führen könnte – genauer: zu einer deflationären Abwärtsspirale. Ausgangspunkt dieses Phänomens ist meist eine Überschuldung, wie wir sie heute in weiten Teilen der Euro-Zone sehen, aber auch in den USA, Großbritannien und Japan. In dem Maße, in dem die Schulden durch Sparmaßnahmen und umsichtiges Haushalten der Staaten gesenkt und nach und nach abgetragen werden, schrumpft die Wirtschaft. Menschen werden arbeitslos; Unternehmen verschwinden; Vermögenswerte wie Aktien und Anleihen verlieren an Wert; die Preise fallen. Diese Nebeneffekte lassen trotz aller im Prinzip vernünftigen Sparmaßnahmen die Schulden nicht sinken, sondern real steigen. In der Folge wird noch mehr gespart, die Wirtschaft schrumpft noch schneller, die Börsen fallen weiter – und so fort. Es handelt sich um einen Teufelskreis, der mit dieser Dynamik etwa in den 1930er-Jahren eine Schneise der Verwüstung durch die Weltwirtschaft schlug. Treibsatz dieses Teufelskreises, den man als Schuldendeflation bezeichnen kann, ist der Umstand, dass der Schuldenstand und die realen Kosten der Bedienung dieser Schulden steigen, während die Wirtschaftsleistung und die Preise rapide sinken. Die nominalen Zinsen, koordiniert von der Notenbank, fallen; die realen Zinsen steigen jedoch, da die Inflation deutlich negativ ist. Eine Regierung, die in solch einem Umfeld die Sparanstrengungen noch verstärkt, nähert sich keiner Lösung des Problems. Sie verschlimmert es – mit katastrophalen Folgen für Wirtschaft und Gesellschaft, wie die 1930er-Jahre zeigten.

Die Fed und die ihr heute programmatisch nahestehende EZB sorgen sich aufgrund der Erfahrungen der Großen Depression mehr um Deflation als um Inflation und sind daher nicht gerade zimperlich, was das Drucken von Geld angeht. Notenbanker der Bundesbank-Schule würden an dieser Stelle einwenden, dass die Therapie des Gelddruckens früher oder später genauso tödlich sein könne wie die eigentliche Krankheit der wirtschaftlichen Depression. Doch die Fed ist in der Ära von Alan Greenspan und Ben Bernanke, die 1987 begann, nicht empfänglich für diese Art Bedenkenträgertum. (Völlig anders sah ihre Politik unter Greenspans Vorgänger Paul Volcker aus, der während seiner Amtszeit von 1979 bis 1987 die durch den Ölschock gestiegenen Preise in den USA konsequent und glaubwürdig unter Kontrolle brachte.) Da die mit einer Überschuldung von Staaten verbundenen Risiken noch lange nicht gebannt sind, müssen wir davon ausgehen, dass eine antideflationäre – also inflationäre – Politik weiterhin auf der Agenda stehen wird. Die führenden Notenbanker und die politische Mehrheit der westlichen Welt werden sich mit allen ihnen zur Verfügung stehenden Mitteln gegen Deflationsgefahren wehren, wie sie es seit mehr als fünf Jahren bereits konsequent und erfolgreich tun.

Die Begleiterscheinungen dieser Politik sind weitreichend. Wenn Deutschland und die finanziell stabileren Euro-Staaten die angeschlagenen Partner wie Griechenland nicht weiterhin mit Milliardenbeträgen subventionierten, würden diese sofort pleitegehen und den Euro-Raum verlassen müssen. Die Folge wären wahrscheinlich Bank Runs, die Schließung von Banken, eine neue Verstaatlichungswelle von Finanzinstituten und Versicherungen, Einbrüche an den Aktien- und Anleihemärkten, Unternehmenspleiten, eine kurzfristige Unterbrechung des Außenhandels, weiter steigende Arbeitslosigkeit und bürgerkriegsähnliche Unruhen – also die beschriebene deflationäre Abwärtsspirale, wie wir sie in der Anfangsphase der Krise schon einmal erlebten.

Auch deutsche Kreditinstitute würden in diesem Szenario ihre Schalter möglicherweise schließen beziehungsweise am nächsten Werktag überhaupt nicht öffnen. Die sich anschließende Krise wäre für viele Bürger existenziell. Gemeint sind damit in erster Linie nicht finanzielle Verluste, obgleich auch diese Dimensionen erreichen würden, die sich heute, nach sechs Jahrzehnten relativen und trotz aller Krisen gewachsenen Wohlstands, kaum jemand vorstellen kann. Gemeint sind ein Zusammenbruch von Finanzsystem, Verkehr und Kommunikation, ein kurzfristiger Ernährungsnotstand, der Kollaps der medizinischen Versorgung. Nicht für alle Zeit, versteht sich, aber für eine möglicherweise längere Phase, auf die unsere Gesellschaft nicht im Ansatz vorbereitet ist. Das ist der Grund, warum alle Verantwortlichen in den Notenbanken und, soweit sie es überblicken, in der Politik so viel Angst vor dem Euro-Ende haben. Ein deflationärer Teufelskreis ist nicht vergnügungssteuerpflichtig.

Wenn Deutschland – das einzige Land in der Euro-Zone, das hierzu in der Lage ist – die Griechen und andere Krisenländer nicht kontinuierlich »rettet« (also subventioniert), werden diese Staaten zahlungsunfähig, mit den beschriebenen Folgen. Dass die Bundesregierung unter Führung von Angela Merkel sich vor diesem Hintergrund in eine gewisse Erpressbarkeit begeben hat, verschlimmert die Lage. Sollte Griechenland vom Finanztropf der Deutschen genommen werden, würde nicht nur das von deutschen Politikern innig geliebte Projekt des Euro kollabieren und die europäische Einigung mehr als einen Dämpfer erhalten, sondern es würde auch eine deflationäre Abwärtsspirale drohen. Obgleich es Griechenland ist, das jahrzehntelang über seine Verhältnisse gelebt und bei den Staatsfinanzen gelogen und betrogen hat, läge der Schwarze Peter auch bei Deutschland.

Also werden Griechenland und andere Länder der Euro-Zone voraussichtlich weiter subventioniert werden, und die erforderlichen Mittel werden von der EZB und ihren Erfüllungsorganen in Form von *fiat money,* aus der Luft gezaubertem Geld, bereitgestellt. Ein derartiges Vorgehen hat in der Vergangenheit so gut wie immer zu Inflation geführt.

Das Gespenst der Inflation

Bis Ende 2012 waren die Notenbanken vollauf damit beschäftigt, das immer wieder akut werdende Szenario eines deflationären Teufelskreises zu verhindern. Man muss den Notenbanken, allen voran den beiden wichtigsten der Welt, Fed und EZB, in gewisser Weise dafür dankbar sein, dass sie ein solches Umfeld mit großer Wahrscheinlichkeit verhindert haben. Sie haben dies im Wesentlichen erreicht, indem sie Liquidität in bisher nicht vorstellbarer Menge bereitgestellt, also Geld gedruckt haben. Im Frühherbst 2012 ging es dabei nicht mehr um Milliarden oder Hunderte Milliarden, sondern um das Bereitstellen von Liquidität in *unbegrenzter* Höhe. Anders ausgedrückt: Sowohl die Fed als auch die EZB haben den Märkten signalisiert, dass sie zur Vermeidung von Deflation und im Sinne einer wirtschaftlichen Stimulierung so viel Geld drucken und in Umlauf bringen würden, bis die Probleme gelöst oder zumindest erträglich geworden seien. Der von Bernanke und Greenspan gleichermaßen verehrte Milton Friedman, Begründer des Monetarismus und Wirtschaftsnobelpreisträger, hat in einem seiner berühmtesten Sätze erklärt, dass »Inflation immer und überall ein monetäres Phänomen ist«. Erhöht sich die Geldmenge, steigen früher oder später die Preise. Das Gespenst der Inflation, das besonders vielen Deutschen heute Unwohlsein verursacht, ist, sollte es Wirklichkeit werden, ein ähnlich schreckliches Szenario wie der oben beschriebene deflationäre Teufelskreis.

Man muss der Geldentwertung, obgleich sie bei uns einen denkbar schlechten Ruf hat, zugleich eines zugutehalten: Unter bestimmten Umständen kann sie, sofern sie unter Kontrolle bleibt, heilsame Kräfte entfalten. Das ist der Fall, wenn ein Staat in Schulden ertrinkt. Ließe die Notenbank dieses Staates beispielsweise eine Inflation von acht Prozent im Jahr zu, würden sich die Preise innerhalb von neun Jahren zwar ungefähr verdoppeln (jedenfalls im Mittel). Im Gegenzug hätten sich aber die Schulden real halbiert (sofern keine neuen gemacht werden). Aus diesem Grund hat eine Regierung, wie der britische Ökonom John Stuart Mill schon Mitte des 19. Jahrhunderts konstatierte, »ein direktes Interesse, den Wert der Währung zu senken, weil sie das Medium ist, in dem ihre Schulden berechnet werden«.[45]

Bislang gibt es keine überzeugenden Anzeichen dafür, dass wir in einem deutlich inflationären Umfeld leben würden. Die Inflationsrate in Deutschland liegt im Herbst 2012 bei knapp über zwei Prozent und in der gesamten Euro-Zone leicht höher, aber unter drei Prozent. Dies ist allerdings kein Grund, vorzeitig Entwarnung zu geben.

Der von Notenbanken und Regierungen vertretene Standpunkt ist, dass die Zentralbanken der Welt lediglich rechtzeitig umsteuern, das Geldgedrucke nach Einsetzen einer nachhaltigen wirtschaftlichen Erholung wieder drosseln und die Zinsen erhöhen müssten – schon sei die Gefahr einer ausufernden Inflation gebannt. In der Theorie ist das richtig; in der Praxis funktioniert dieser Kurswechsel indes nicht immer und ist in einem wirtschaftlich höchst fragilen Umfeld, wie wir es zurzeit in aller Welt sehen, schmerzhaft: Der Inflationsdruck würde tendenziell abnehmen, aber zu dem Preis, dass die Wirtschaft erlahmt, mehr Unternehmen in Schwierigkeiten geraten, die Arbeitslosigkeit steigt.

So richtig eine zeitlich geschickte Rücknahme der Liquidität wäre, um eine Geldentwertung auszubremsen: Sie wäre eine Art kalter Entzug. Die Möglichkeit, stets frisches Geld drucken zu können, ist für Notenbanken und Regierungen ein Suchtstoff erster Güte[46] – erst recht, da in der Euro-Zone die Notenbank nicht mehr den nachhaltigen Prinzipien der Bundesbank folgt, sondern einer kurzfristigen Schmerzlinderungstaktik. Sparprogramme, wie viele Regierungen der Euro-Zone sie aktuell verfolgen, sind qualvoll für Wirtschaft und Wähler. Sie dauern, sind die abzutragenden Schulden hoch genug, länger als die typische Legislaturperiode einer europäischen Demokratie – was die Wiederwahl der in der Verantwortung stehenden Politiker unwahrscheinlich macht. Gelddrucken bringt dagegen kurzfristig Erleichterung. Dass die zukünftigen Generationen monetäre Leichtfertigkeit bezahlen müssen, steht auf einem anderen Blatt. Aber Kinder dürfen heute schließlich noch nicht wählen.

Die Erfahrungen in vielen Ländern in der Vergangenheit zeigen, dass der Geist der Inflation, ist er erst einmal aus der sprichwörtlichen Flasche entwichen, nicht mehr dorthin zurückzuverfrachten ist. Die Geister, die man leichtfertig ruft, wird man dann möglicherweise nicht mehr – oder nur unter größten Strapazen – los. Inflation hat die Neigung, sich der Kontrolle durch Notenbanken, die gegenzusteuern versuchen, zu entziehen. Gegensteuern bedeutet in diesem Zusammenhang: die Wirtschaft bremsen, um die Inflation zu bremsen. Ein solches Vorgehen ist naturgemäß weder für Zentralbanken noch für Politiker und Verbraucher ein Spaß. Inflation droht sich daher zu verselbstständigen und zu beschleunigen. Am Ende können die völlige Entwertung des Geldes und eine Währungsreform stehen. Es ist keine leichte Übung, einen Tsunami, den man selbst losgetreten hat, vor Erreichen der Küsten aufzuhalten.

Andrew Dickson White hat den Suchtaspekt in seiner bereits vor 100 Jahren erschienenen Abhandlung über die Geldentwertung nach dem Ende des Ancien Régime überzeugend herausgestellt. »Es schritt nach einem Gesetz der Sozialphysik voran, das wir das ›Gesetz der beschleunigten Ausgabe und Abwertung‹ nennen könnten. Es war vergleichsweise leicht, sich bei der ersten Ausgabe [neuen Geldes] zurückzuhalten. Es war ausgesprochen schwierig, dies bei der zweiten zu tun. Sich bei der dritten – und den folgenden – zurückzuhalten, war praktisch unmöglich.«[47]

Für die Geldpolitik von EZB und Fed verheißt das nichts Gutes. Es ist zwar richtig, dass die Inflation – im Sinne an breiter Front wahrnehmbarer Preissteigerungen – noch nicht präsent ist. Dies liegt aber daran, dass das Geld, das die Notenbanken in Umlauf gebracht haben, zum großen Teil noch bei Banken und Unternehmen zwecks Aufhübschung der Bilanzen geparkt ist (wo es nicht inflationär wirkt) und bislang nicht bei den Verbrauchern angekommen ist (wo es dies tun könnte). Zugleich gilt nach wie vor, dass, wenn Notenbanken große Geldmengen in Umlauf bringen, früher oder später der Preiskick und damit eine Entwertung einsetzen. Wann immer die Geldmenge infolge der Maßnahmen von Regierungen und Notenbanken schneller wächst als die Wirtschaft, wird Inflation zwangsläufig Vermögen entwerten. Ausgerechnet Ben Bernankes geistiger Ziehvater Greenspan, der als Fed-Chef in den 1990er-Jahren geradezu kultisch verehrt wurde und zugleich einer der Hauptverantwortlichen für das aktuelle Schuldendesaster ist, hat dies treffend auf den Punkt gebracht: »Wenn man eine Zentralbank verpflichtet, Geld zu drucken, um die Kaufkraft der Regierung zu erhöhen, löst man ausnahmslos einen hyperinflationären Feuersturm aus. In der Geschichte waren die Folgen gestürzte Regierungen und ernste Bedrohungen für die gesellschaftliche Stabilität.«[48]

Wann dies der Fall sein wird, weiß niemand, erst recht nicht die bei dieser wichtigen Frage zurzeit bemerkenswert zerstrittenen Wirtschaftswissenschaftler. Ich persönlich teile die Prognose von Andreas Schmitz, Präsident des Bundesverbandes deutscher Banken, der Bankenlobby in Deutschland. »In den nächsten Jahren«, glaubt Schmitz, »wird die Inflationsrate wohl kaum über das hinausgehen, was wir in den vergangenen Jahren hatten, also ein bis 2,5 Prozent. Aber danach droht die Inflation. Es ist einfach zu viel Geld im Wirtschaftskreislauf. Und für den Staat ist die Geldentwertung die einfachste Möglichkeit, sich zu entschulden. Die Bürger werden dabei schleichend enteignet.«[49]

Das zeitliche Muster ist dabei ebenso offen wie die Frage, in welchen Segmenten der Wirtschaft sich steigende Preise manifestieren. Um es mit einem Bild zu sagen: Lässt man eine mit Wasser gefüllte Wanne in der Küche fallen, weiß man, dass das Unordnung verursachen wird. Wo genau die Spritzer aber landen und wohin das Wasser abfließt, weiß man nur ungefähr. Allerdings kann man sich sicher sein, dass die Flüssigkeit nicht den gesamten Boden gleichmäßig mit einer dünnen Schicht bedecken wird.

Eine Unterscheidung zwischen Finanz- und Realwirtschaft ist an dieser Stelle sinnvoll, also zwischen einer möglichen Inflation der **Verbraucherpreise** (zum Beispiel Lebensmittel, Strom,

Kleidung) und einer Inflation der **Vermögenspreise** (zum Beispiel Immobilien, Aktien, Gold, Kunst). In der Tat erleben wir in Deutschland schon jetzt ein Umfeld schnell steigender Preise, obgleich dies von den meisten noch nicht als »Inflation« wahrgenommen wird. Insbesondere bei den Vermögenspreisen – im englischen Sprachraum nennt man sie *asset prices* – sind schon deutlich inflationäre Tendenzen zu beobachten. Die Medien berichten seit Monaten intensiv über die Preissteigerungen bei Wohnimmobilien in deutschen Großstädten, bei Ferienimmobilien, Oldtimern, Kunst und anderen Sachwerten. Die Aktienkurse steigen ebenso wie die Preise für Gold, Diamanten und erstklassige Weine. Klettert beispielsweise der Deutsche Aktienindex DAX, in dem die Börsennotierungen von 30 der führenden Unternehmen in Deutschland gebündelt sind, ist auch dies per se eine Preissteigerung, also eine selektive Inflation. Das gilt auch, wenn die Immobilienpreise binnen fünf Jahren um 30 Prozent steigen, gefolgt von einem raschen Nachziehen der Mieten. Nur wenige würden diese seit Langem wahrnehmbaren Trends als »Inflation« bezeichnen, weil wir den täglich wahrgenommenen Preisen – zum Beispiel für Benzin, Brot, Bus und die Zeitung – unbewusst erheblich mehr Bedeutung beimessen als jenen für große, selten gekaufte Anschaffungen oder für Kapitalanlagen. Ein Anstieg der *asset prices* stellt indes eine nicht zu unterschätzende Komponente der Inflation dar, wie jeder wissen wird, der heute den Kauf einer Wohnung oder eines Haus in einer deutschen Großstadt plant.

Anders formuliert: Es ist möglich, vielleicht sogar wahrscheinlich, dass die Vermögenspreise schneller steigen als die Verbraucherpreise – oder einfach früher. So interpretiert beispielsweise Thomas Mayer, bis Mitte 2012 Chefvolkswirt der Deutschen Bank, das aktuelle Umfeld: »Die Preise von Vermögenswerten wie Gold oder Immobilien steigen. Solche Preissteigerungen sind die Vorläufer der Konsumentenpreis-Inflation.«[50]

Deflation oder Inflation?

Die Frage, welches der beiden Szenarien in Zukunft dominieren wird, ist für Wirtschaftswissenschaftler leicht zu beantworten, allerdings gilt auch hier der für die Zunft der Ökonomen charakterisierende Satz: ein Dutzend Experten, zwei Dutzend Meinungen. »Das ist typisch für die gegenwärtige Situation«, sagt beispielsweise Otmar Issing, Ex-Chefvolkswirt der EZB. »Das können Sie inzwischen auf zahlreichen Konferenzen erleben. Der erste Redner hält einen flammenden Vortrag über die Inflationsgefahren wegen der weltweit hohen Liquidität. Der nächste Redner beschwört das Risiko der Deflation.«[51] Einige machen gar einen »Ökonomenstreit« in Deutschland aus.[52]

Grundsätzlich sollte man berücksichtigen, dass in der Finanzkrise seit 2007 beide Phänomene eine Rolle spielen, Deflation und Inflation sich also keineswegs gegenseitig ausschließen. So ist es möglich, stagnierende oder fallende Verbraucherpreise zu haben, gleichzeitig aber steigende Vermögenspreise. Ein Land der Euro-Zone kann eine deflationäre Phase durchmachen, während ein anderes ein inflationäres Umfeld aufweist. Und einzelne Produktgruppen (zum Beispiel Computer und Elektronik) können im Preis fallen, während andere Preise (zum Beispiel von Lebensmitteln, Strom und Treibstoff) steigen.

Bis etwa Sommer 2012 war eine deflationäre Abwärtsspirale, ausgelöst von einem Kollaps Griechenlands oder eines anderen überschuldeten Landes der Euro-Zone, das wahrscheinlichere, von Notenbanken und Regierungen gefürchtete Szenario. Sie versuchten dies zu verhindern, indem sie Liquidität in einer Größenordnung bereitstellten, die die Welt noch nicht gesehen hatte. Damit ist die Wahrscheinlichkeit gestiegen, dass die Euro-Zone in ihrer heutigen Form mit 17 Mitgliedern erhalten bleiben kann. Aber die Therapie, die kurzfristig die Symptome einer potenziell finalen Krankheit gelindert hat – das Drucken von Geld –, könnte langfristig schlimmer sein als die Krankheit selbst. Das wäre dann der Fall, wenn die Dynamik der Geldentwertung zunähme und sich nicht nur in höheren Vermögenspreisen niederschlagen würde, sondern auch in auf breiter Front steigenden Verbraucherpreisen.

Sollte der Versuch der Notenbanken misslingen, zu gegebener Zeit gegenzusteuern und die bereitgestellte Liquidität gezielt und konsequent wieder abzusaugen, ist Inflation aus heutiger Sicht unvermeidbar. Die Erfahrung der Geschichte legt nahe, dass geldpolitische Manöver, die in ihrem Ehrgeiz mit dem kalten Entzug eines Drogenabhängigen vergleichbar sind, in den seltensten Fällen dauerhaft von Erfolg gekrönt sind. In den USA würde eine Anhebung der Zinsen um einen einzigen Prozentpunkt die hochverschuldete Bundesregierung beispielsweise 150 Milliarden Dollar kosten[53] – die notwendige Medizin würde den Patienten also teuer zu stehen kommen, vielleicht *zu* teuer.

Offen ist bislang, in welchen Segmenten die Inflation in diesem Fall durchschlagen und welche Dynamik sie entwickeln wird. Eine Hyperinflation – also eine schnelle und völlige Geldentwertung – ist keineswegs ausgemacht. Aber sie liegt angesichts der Notenbankpolitik der vergangenen Jahre im Bereich des Möglichen, und das ist schlimm genug. Geschichte wiederholt sich nicht, lautet ein dem amerikanischen Schriftsteller Mark Twain zugeschriebenes Bonmot, aber sie reimt sich. Exzessive Staatsverschuldung führt früher oder später zu einer Geldentwertung, die oft von den verantwortlichen Notenbanken mangels Glaubwürdigkeit nicht mehr gebändigt werden kann. Auf den Kollaps der Währung folgt ein Kollaps großer Teile der Wirtschaft; die Gesellschaft erlebt eine Phase dramatischer Verwerfungen; am Ende können politische Umwälzungen und Revolutionen stehen.[54]

Sicher ist, dass die finanzielle, wirtschaftliche, politische und gesellschaftliche Rechnung der heutigen Schuldenkrise den Deutschen noch nicht präsentiert worden ist. Die beiden hier aufgezeigten Wege, Deflation und Inflation, sind möglich; beide sind Albträume, aus denen es kein Erwachen gibt. Wir alle sollten uns aus Selbstschutz mit diesen Phänomenen auseinandersetzen – und dabei einige Regeln beachten.

IV. Die Überlebensregeln

1. Vorsicht, Realitätsverlust

»Außenseitertum scheint der Preis dafür zu sein, Kollektiv-irrtümern zu entgehen.«
– THILO SARRAZIN[55]

Die wichtigste Überlebensregel, die wir alle in Erwartung der absehbaren Finanzkatastrophe beherzigen müssen, hat nicht direkt mit unserem Geld zu tun, sondern mit unseren Denkmustern.

In der englischen Sprache gibt es einen nützlichen Begriff: *normalcy bias*. Mir ist keine gefällige Übersetzung dieses Ausdrucks ins Deutsche bekannt. Holprig übersetzt würde man von einer »Normalitätsneigung« sprechen oder, marginal schöner, von »normiertem Denken«. Gemeint ist damit ein Denkmuster, das viele von uns zutiefst verinnerlicht haben: Da wir in der Vergangenheit eine bestimmte Erfahrung nicht gemacht haben, gehen wir davon aus, dass sich diese »Normalität« in die Zukunft fortschreiben wird. Eine Katastrophe, die man nicht selbst erlebt hat, wird also auch für die Zukunft für unwahrscheinlich oder unmöglich gehalten.

Ein Beispiel: Viele Menschen, die in einem erdbeben- oder

hochwassergefährdeten Gebiet leben, blenden die ständige Gefahr einer Naturkatastrophe systematisch aus – insbesondere wenn seit einigen Jahrzehnten kein Ernstfall eingetreten ist, die wahrgenommene Stabilität des Umfelds also Entwarnung zu signalisieren scheint. Obgleich sie einem großen Risiko ausgesetzt sind, unterlassen sie es, sich auf katastrophale Ereignisse vorzubereiten. Warnungen – selbst von erwiesenen Experten – tun sie häufig als Gerede ab und halten die Kassandras und Noahs in ihrem Umfeld für verwirrt, hysterisch, gar paranoid. Sie leugnen, dass es zu einer Extremsituation mit Gefahr für ihr Leben und das ihrer Angehörigen kommen könnte. Selbst wenn eine Katastrophe bereits eingetreten ist, kann ein *normalcy bias* bizarre Auswüchse annehmen. Indizien können Realitätsverlust, Realitätsverweigerung und – trotz akuter Lebensgefahr – scheinbar grenzenloser Optimismus sein, der sich zum Beispiel in der Weigerung äußert, das eigene Haus zu verlassen oder Aufrufen der Behörden Folge zu leisten. Im Kern geht es bei diesem mentalen Problem um den hartnäckig verankerten Glauben, dass nicht sein könne, was nicht sein dürfe.

Der *normalcy bias* spielt auch heute – in einer seit 2007 währenden Übergangsphase, in der die Grundlagen des globalen Finanzsystems wiederholt erschüttert wurden – eine zentrale Rolle im Denken vieler Menschen, auch in Deutschland. Das Finanzsystem könnte »sterben«, Geld nahezu wertlos werden, der Automat keine Scheine mehr ausgeben, die Bank dahinter die Schalter nicht mehr öffnen? Undenkbar für die meisten; hat es schließlich noch nie gegeben – oder jedenfalls seit Generationen nicht mehr. Die größte wirtschaftliche Katastrophe, die viele Bundesbürger in den alten Ländern am eigenen Leib erfahren haben, waren die Rezessionen der Nachkriegszeit, die sich nie in hartnäckige Depressionen ausweiteten, insofern also glimpflich verliefen. Dass auch in unserem Wirtschaftsraum Ereignisse katastrophalen Ausmaßes möglich sind – und die gegenwärtige Konstellation deutet darauf hin –, fällt für viele schlicht nicht in den Bereich des seriös Denkbaren. *Normalcy bias* eben; normiertes Denken.

Der Vermögensberater und Autor Peter Boehringer hat dieses Phänomen trefflich differenziert. »Der Grad der Realitätsverweigerung ist in der Gesellschaft unterschiedlich ausgeprägt«, schreibt er.[56] »Zugespitzt kann man feststellen: Beamte und Akademiker aller Altersstufen sowie viele Leute zwischen 60 und 70 Jahren sind besonders systemgläubig und wollen sich einen Systemkollaps nicht vorstellen. Die kognitive Dissonanz zu allem, was ihnen medial vorgegeben wurde und was sie zeitlebens an stetigem Wachstum erfahren haben, ist oftmals unauflösbar.« Ich teile die Beobachtung, dass Ausbildungsgrad und Alter tendenziell mit einem Hang zum *normalcy bias* korrelieren.

Dieses Denk- und Verhaltensmuster ist gefährlich. Es kann dazu führen, dass Millionen Menschen in Deutschland – und möglicherweise Hunderte Millionen in aller Welt – von Ereignissen überrollt und überwältigt werden, auf die sie sich mit Umsicht und etwas Planung problemlos hätten vorbereiten können. Es ist darüber hinaus tragisch, denn es gibt einflussreiche und überzeugungsstarke Persönlichkeiten in Deutschland, in Europa und weltweit, die seit Jahren explizit vor den potenziell verheerenden Folgen der Finanzkrise warnen. Ihre Stimmen werden von vielen Bürgern indes aus der Kakophonie der

Informationsflut herausgefiltert, überhört, ignoriert. Werde so schlimm schon nicht werden, lautet das pragmatische Fazit in der Regel – und man macht und lebt weiter wie bisher. Häufig höre ich Sätze wie: »Wenn wirklich alles so schlimm kommt, wie Sie glauben, warum warnen dann nicht andere Leute vor diesen Entwicklungen?« Die Antwort lautet: Andere warnen sehr wohl, laut und deutlich, immer wieder. Aber sie werden nicht gehört, als verwirrt abgetan, belächelt. Bekanntlich ist niemand so taub wie derjenige, der nicht hören will.

Es liegt zudem im Wesen des Menschen, sich mit vom Konsens abweichenden Voraussagen und Prognosen schwerzutun. Die meisten fühlen sich in der Mehrheitsmeinung erheblich wohler als in der abweichenden Ansicht der Minderheit. Sie haben weder den Willen noch die Konfliktfähigkeit, sich gegen die Überzeugungen anderer durchzusetzen. Das würde ein Maß an Mut und Selbstbewusstsein erfordern, über das viele nicht verfügen. Der Herdentrieb ist eine starke Kraft; viele fühlen sich in der Gruppe wohler, selbst wenn diese in die falsche Richtung läuft. Das ist sicherer, als als Abweichler oder komischer Kauz zu gelten – erst recht, wenn sich später herausstellen sollte, dass die Außenseiter falschlagen oder einfach ein paar Jahre zu früh kamen.

Anders gesagt: Nicht jeder ist zum Noah geboren und fängt bei herrlichstem Wetter an, Bäume zu fällen, um ein ziemlich großes Holzschiff in einer bergigen Landschaft fern des Meeres auf Kiel zu legen. Wer sich ungern auslachen lässt, taugt nicht zum Warner vom Schlage Noahs. Wenn eine Sintflut ins Land steht, wenn es zu regnen angefangen hat und »die Schleusen des Himmels«, wie es in der Bibel heißt, sich aufgetan haben, ist es in der Regel allerdings einen Tick zu spät, die Axt für einen Archebau aus dem Schuppen zu holen.

Deswegen sollten wir alle heute anfangen umzudenken, die möglicherweise verheerenden Folgen eines Zusammenbruchs unseres Finanzsystems ernsthaft in Betracht ziehen und – am wichtigsten – uns angemessen vorbereiten. Der Schaden ist angerichtet; wir können die Konsequenzen der Katastrophe für unser Land, unser politisches System und unsere Gesellschaft nicht mehr abwenden, sondern nur noch mildern.

2. Politiker

»Wenn es ernst wird, müssen Sie lügen.«
– Jean-Claude Juncker[57]

Selbst in guten Zeiten sollte man Äußerungen und Versprechen von Politikern mit gesunder Skepsis begegnen. In schlechten Zeiten sind sie von besonders hohem Unterhaltungswert, wenngleich die Unverfrorenheit und Ahnungslosigkeit vieler Führungskräfte unseres Staates und anderer Länder oft abenteuerlich anmuten. Dennoch: In Zeiten wie diesen sollte man Politikern zuhören, und zwar genau. In vielen Fällen liegt das Gegenteil dessen, was öffentlich verlautbart wird, ziemlich nah an der Wahrheit.

Generell hat die Politik in den Jahren der Finanzkrise seit 2007 nicht zu ihrem Ruhm beigetragen. Natürlich war immer alles gut gemeint; bekanntlich ist gut gemeint im Ergebnis nicht zwangsläufig gut. Die Politik ist nicht die Lösung des Problems, sondern Teil davon geworden. Die Bürger unseres Staates sollten sich keinen naiven Illusionen hingeben, was die Fähigkeiten und Absichten großer Teile der politischen Klasse angeht. Die strukturellen Defizite unserer Regierung und der Regierungen anderer Länder sind erschütternd.

Die größte Krise seit Bestehen der Bundesrepublik betrifft, wie in den ersten drei Kapiteln ausgeführt, das Währungs- und Finanzsystem. Entscheidungen in diesem Themenkomplex setzen Sachkompetenz voraus, die die große Mehrheit der Politiker – mit »der Mehrheit« meine ich an dieser Stelle eher 95 als 60 Prozent – schlicht nicht hat. Bundeskanzlerin Angela Merkel beispielsweise ist eine hochgebildete und intelligente Frau und hat als Physikerin zweifellos Glaubwürdigkeit – beispielsweise bei der sogenannten Energiewende, dem Ausstieg aus der Atomenergie, die 2011 nach der Dreifachkatastrophe von Fukushima im Hauruckverfahren beschlossen wurde. Egal, was man von diesem radikalen Kursschwenk hält: Was Nuklearenergie anbelangt, kann man Merkel ihre fachliche Kompetenz nicht absprechen. Von Finanzsystemen und Wirtschaftsgeschichte versteht sie jedoch wenig, und das wenige hat sie »on the job« gelernt. Es liegt eine gewisse Ironie der Geschichte in dem Umstand, dass die Bundesrepublik, das im Fortgang der europäischen Schuldenkrise entscheidende Land, zurzeit von einer Physikerin, einem Arzt (Vizekanzler und Wirtschaftsminister Philipp Rösler) und einem Pastor (Bundespräsident Joachim Gauck) regiert wird.

Nicht besser sieht es im Bundestag aus. Im September 2011 ging es dort um den sogenannten Rettungsschirm für finanziell angeschlagene Länder der Euro-Zone – eine Maßnahme, bei der Deutschland zum damaligen Stand mit nicht unerheblichen 211 Milliarden Euro mit von der Partie war. Dieser Betrag entspricht etwa zwei Dritteln des Bundeshaushalts eines Jahres. Die Ahnungslosigkeit vieler Abgeordneter, die von der Sache nichts verstanden, aber alles gewissenhaft abnickten, macht schlicht sprachlos.[58] Immerhin handelte es sich, so Bundestagspräsident Norbert Lammert, um die möglicherweise wichtigste Parlamentsentscheidung der Legislaturperiode. *Denn sie wissen nicht, was sie tun* ist leider nicht nur der Titel eines Films.

Baut man eine Brücke, lässt man niemand Sachfremdes ran – das Gebäude könnte einstürzen; fliegt man per Rakete zum Mond, auch nicht – das Geschoss könnte abstürzen. Geht es aber um die eigene Währung und das Vermögen der eigenen Nation, soll fehlende Sachkunde egal sein? Thilo Sarrazin hat dieses Muster vielleicht am besten von allen auf den Punkt gebracht: »[Politik] hat die Macht, und die hat sie immer wieder unter Beweis gestellt, im konkreten Fall Expertenwissen und gesunden Menschenverstand zu missachten und Fehlentscheidungen zu treffen, deren dramatische Folgen sie selbst nicht überschaut, und dann, wenn sie eintreten, zu lange verharmlost und unterdrückt.«[59]

Dennoch wird Angela Merkel zurzeit von weiten Teilen der Bevölkerung als durchsetzungsstarke Persönlichkeit mit Biss gesehen, als »eiserne Kanzlerin«[60]. Das ist ein pikanter und dramatischer Irrtum. Merkel hat auf der entscheidenden Baustelle ihrer Amszeit als Bundeskanzlerin, dem Schutz der Währung und des Währungssystems, versagt und an der entscheidenden Stelle eben *kein* Rückgrat gezeigt und sich *nicht* durchgesetzt. Merkel hat im Laufe der Finanzkrise so viele rote Linien in den Sand gezogen, die sie kurz darauf selbst übersprang, so oft kapituliert, so schlecht verhandelt, dass man das Prozedere nur als Farce und das Ergebnis als Fiasko bezeichnen kann. Sie mag kurzfristig den Zusammenhalt der Euro-Zone gesichert haben – aber zu dem Preis, dass langfristig der Euro als werthaltige Währung aufhören könnte zu existieren. Sie regiert nicht; sie agiert nicht; sie reagiert. Es geht ihr in erster Linie nicht um eine inhaltliche Langfrist-Lösung der Schuldenkrise in Europa, sondern um ihr Image – die bei den im Herbst 2013 anstehenden Bundestagswahlen entscheidende Variable. Es reicht aber nicht, ein *Image* als Euro-Retterin und Geldbeschützerin zu haben; man muss den Euro *in der Tat* auch retten und das Geld der Bürger schützen. Dass sie bei einem großen Teil der Wähler als »tough« oder »eisern« gilt, verrät daher mehr über die Wähler als über Angela Merkel. »Ich mache aus meinem Herzen keine Mördergrube mehr«, sagte Ludwig Poullain, ehemaliger Vorstandsvorsitzender der WestLB und Präsident des Deutschen Sparkassen- und Giroverbandes, in einem Interview. »Wenn ich Merkel und Schäuble sehe, diese für Deutschland zwei zentralen Figuren […], wird mir bange. Frau Merkel ist ein Verhängnis für unser Land in dieser Zeit.«[61]

Ein häufiger Einwurf an dieser Stelle zielt auf die Regierungsberater. Ein Politiker, so die Logik, müsse ja über keine Fachkenntnisse verfügen, schließlich hätte er bei Bedarf die Unterstützung erstklassiger Experten. Theoretisch stimmt das; in der Praxis bin ich skeptisch. Ich glaube nicht, dass die klügsten Köpfe in Deutschland eine Laufbahn als beratende Beamte einschlagen. Ich bezweifle, dass sich Politiker wirklich nach den Meinungen ihrer Berater richten – das genaue Gegenteil erscheint mir wahrscheinlicher. Und wem sollen Politiker zuhören, wenn jede noch so überholte oder gewagte These einen »Experten« – am besten gleich einen Nobelpreisträger – findet, der sie öffentlich unterstützt? Dass Politiker überhaupt die Zeit (und die mentalen Voraussetzungen) für eine eingehende Beratung aufbringen, insbesondere bei einer hochkomplexen Materie wie der aktuellen Krise des internationalen Finanzsystems, ist ebenfalls fraglich.

Hinzu kommt, dass Politiker ein beratungsresistentes Persönlichkeitsprofil aufweisen können. Als Beispiel soll Exbundeskanzler Helmut Kohl genügen, der allem Abraten von Ökonomen zum Trotz die deutsche Wiedervereinigung auf eine Art und Weise durchsetzte, die für mehrere Jahrzehnte Massenarbeitslosigkeit in den neuen Bundesländern verankerte – politische Großtat, wirtschaftliches Desaster. Auch für die aus heutiger Sicht völlig missratene Ausgestaltung der europäischen Währungsunion zeichnete Kohl verantwortlich, allen Ratgebern zum Trotz, die Kohl als Bedenkenträger abkanzelte.[62]

Dass viele führende Politiker dogmatisch denken, untergräbt die Glaubwürdigkeit der politischen Klasse in Deutschland zusätzlich. Bundesfinanzminister Wolfgang Schäuble beispielsweise – er ist Jahrgang 1942 – stammt aus einer Zeit und Welt, in der die Einigung Europas und die Einbindung Deutschlands in einen europäischen Staatenbund die zentralen Motive außenpolitischen Handelns waren. Diese Motive waren und sind uneingeschränkt zu unterstützen. Ein dogmatischer Ansatz und ein Gleichsetzen der Gemeinschaftswährung Euro mit dem komplexen Prozess der europäischen Einigung sind jedoch wenig hilfreich. Wer, wie Schäuble und die Bundeskanzlerin, an dieser Stelle dogmatisch denkt, wird nie in Erwägung ziehen, dass die europäische Währungsunion nicht nur de jure scheitern könnte, sondern de facto längst gescheitert ist. Auch der Gedanke, dass die europäische Einigung nicht zwangsläufig eine Währungsunion voraussetzt oder überhaupt benötigt, wird denjenigen fremd bleiben, die dogmatisch in anderen Zeitaltern verankert bleiben.[63] Der wirtschaftliche Erfolg von Ländern wie Dänemark, Großbritannien, Schweden und der Schweiz – die drei erstgenannten sind EU-Mitgliedsstaaten, haben allerdings ihre nationalen Währungen beibehalten – legt nahe, dass dem nicht so ist. Es geht den meisten Bürgern in diesen Ländern gut – oft besser als den Deutschen und erst recht besser als den Griechen und Portugiesen, die auf den Euro setzten. Mitunter scheint die Dogmatik der Regierenden zu einem partiellen Realitätsverlust zu führen. Jahrzehntelang beherzigte Leitmotive abzulegen käme einem Eingeständnis gleich, sich geirrt zu haben. »Dogma ist die mumifizierte Form der Theorie«, schrieb Jens O. Parsson in *Dying of Money*. »Dogma besteht aus Grundsätzen des Denkens, die aufgehört haben zu wachsen und sich anzupassen.«[64]

Zugleich wäre die Vorstellung, dass sich Politiker in erster Linie um das Allgemeinwohl kümmern würden, eine Spur unbedarft. In Einzelfällen mag es selbst in der Regierungsbranche uneigennützige Menschen geben. In erster Linie kümmern sich Politiker indes um ihr eigenes Wohl und das ihrer Lobby, der jeweiligen Partei. Anders formuliert: Es geht nicht zuerst darum, das Beste für ein Land – das Volk, die Allgemeinheit – zu tun, sondern es geht um die Wiederwahl. Wen kümmert schon die nächste Generation, wenn die nächsten Wahlen anstehen?

Insofern verfolgen viele Berufspolitiker eine eigene Agenda. In der Regel ist der Verbleib in einem politischen Amt für sie das sinnvollste Etappenziel. Politiker sind nicht auf das langfristige Wohl der Gesamtgesellschaft ausgerichtet, sondern kurz- und mittelfristig auf ihr eigenes. Wer Unangenehmes verkündet oder gar dafür verantwortlich gemacht werden kann, hat, sofern er ein politisches Amt bekleidet, ein echtes Problem: Schlechte Nachrichten erleichtern eine Wiederwahl nicht. Wer jedoch beispielsweise zur Beglückung von Wählern Schulden macht, trifft kurzfristig in der Regel nicht auf unangenehme Reaktionen. Es fällt erheblich leichter, kommenden Generationen den finanziellen Untergang zuzumuten als den aktuellen Wählern ein kleines Unwohlsein.

Die meisten Politiker der Topebene werden unangenehme Entscheidungen daher stets hinauszuzögern versuchen. Wenn der ganze Laden schon zusammenbricht, geht die Logik, dann bitte nicht in meiner Amtszeit – das könnte den eigenen Ruhm in den Geschichtsbüchern beflecken. Der Physiker und Systemforscher David Korowicz hat diese Verhaltensmuster trefflich beschrieben. »Im Allgemeinen wählen wir kurzfristig den leichtesten Weg, und der leichteste Weg ist derjenige, den wir kennen und an den wir uns angepasst haben. Eine harte Entscheidung mit weitreichenden Folgen schieben wir eher auf, selbst wenn das noch viel weitreichendere Folgen irgendwann in der Zukunft nach sich zieht.«[65] Dies trifft auf viele Politiker zu. Korowiczs Worte beschreiben treffend, wie sich Angela Merkel und die Bundesregierung während der Finanzkrise verhalten haben.

Als im Laufe des Jahres 2010 erstmals die Zahlungsunfähigkeit Griechenlands absehbar wurde, schien plötzlich eine verheerende Entwicklung – der Austritt des Landes aus der Euro-Zone und der Zusammenbruch der Währungsunion – möglich, die die Karriere manches Berufspolitikers in Deutschland beendet oder zumindest ausgebremst hätte. Also wurden kurzfristig zur Abwendung einer Katastrophe einige der elementaren Grundsätze der europäischen Einigung gestrichen. Maastricht-Kriterien? Spielen keine Rolle mehr. Der sogenannte Stabilitäts- und Wachstumspakt? Vergessen wir. Die Regel, dass kein Euro-Land für die Schulden eines anderen einsteht? War nicht so gemeint. Der jahrzehntelang von der Deutschen Bundesbank verfolgte und praktizierte Leitsatz, wonach die Notenbank nicht als Staatsfinanzierer auftreten darf? Im Zuge kurzsichtigen Krisenmanagements aufgegeben.

Der Preis dafür, kurzfristig einem lästigen Konflikt aus dem Weg zu gehen, ist die langfristige Katastrophe.

Diesen Preis war die Bundesregierung in der jüngeren Vergangenheit bereit zu zahlen. Wenn die Folgen einige Jahre später sichtbar werden, ist die Wahrscheinlichkeit hoch, dass Angela Merkel und die jetzigen Kabinettsmitglieder keine Ämter mehr haben, nur noch hohe Versorgungsansprüche.[66] Den sprichwörtlichen Karren aus dem Dreck ziehen müssen dann andere; bezahlen darf die Bevölkerung.

Dieses Versagen gilt in meiner Wahrnehmung für alle Parteien. Nur wenige Personen – auch sie sind in allen politischen Lagern zu finden – haben den Mut, vor eklatanten, ruinösen Fehlentscheidungen zu warnen und sich einem bequemen Mehrheitsvotum zu verweigern. Diese Politiker, denen das Allgemeinwohl nicht unwichtiger ist als ihr persönliches Wohlergehen und die eigene Karriere, sind mutige Querdenker. Zum Dank für ihr Abweichlertum werden sie innerparteilich und von politischen Gegnern recht hart angegangen, isoliert und öffentlich kritisiert.

Dass viele Politiker es mit der Wahrheit nicht immer peinlich genau nehmen, kann vor diesem Hintergrund nicht überraschen. Die Lügenbereitschaft korreliert dabei mit dem Ernst der Krise: Je dramatischer die Lage, umso kühner wird erfunden und einfach mal so behauptet. Regierungen, Notenbanken und internationale Organisationen wie der Internationale Währungsfonds (IWF) können, wird es ernst, nicht offen über die Lage sprechen. Täten sie es, würde in kürzester Zeit Panik ausbrechen, erst an den Finanzmärkten, dann in den Banken, wenig später auf den Straßen. Sachkenntnis wird zugunsten von Populismus aufgegeben, Populismus zugunsten von Demagogie.

Eine hilfreiche Faustregel lautet daher: Hören Sie Politikern gut zu, und ziehen Sie stets in Erwägung, dass das genaue Gegenteil von dem stimmt, was sie öffentlich sagen. Dass sie bluffen. Hier einige Beispiele für besonders interessante Äußerungen:

- »An einem Kredit der EU-Kommission [für Griechenland] würde sich Deutschland nicht beteiligen. Das ist im Vertrag nicht vorgesehen.« So Bundesfinanzminister Wolfgang Schäuble im März 2010.[67]
- »Die Rettungsschirme laufen aus – das haben wir klar vereinbart.« Finanzminister Schäuble am 24. Juli 2010.[68]
- Bundeskanzlerin Angela Merkel am 27. Oktober 2010: »[Der Rettungsschirm] läuft 2013 aus. Das haben wir auch genau

so gewollt und beschlossen. Eine einfache Verlängerung kann und wird es mit Deutschland nicht geben, weil der Rettungsschirm nicht als langfristiges Instrument taugt, weil er Märkten und Mitgliedstaaten falsche Signale sendet und weil er eine gefährliche Erwartungshaltung fördert. Er fördert die Erwartungshaltung, dass Deutschland und andere Mitgliedstaaten und damit auch die Steuerzahler dieser Länder im Krisenfall schon irgendwie einspringen und das Risiko der Anleger übernehmen können.«[69] Um es mit Milton Friedman zu sagen: »Nichts ist so dauerhaft wie ein vorübergehendes Regierungsprogramm.«

- Kein Land in Europa könne darauf hoffen, dass die EZB die Gelddruckmaschine anwerfen werde, die EZB habe kein Mandat zur Staatsfinanzierung. So Schäuble kurz nach dem Urteil des Bundesverfassungsgerichts zu den europäischen Rettungsschirmen am 12. September 2012.[70]

- Theo Waigel, Schäubles Amtsvorgänger in der Gründungsphase der Euro-Zone, bescheinigte dem Euro im Frühjahr 2010, ein »glänzender Erfolg« zu sein: »Die Institutionen des Euro, die Europäische Zentralbank in Frankfurt am Main und das geld- und finanzwirtschaftliche Regelwerk, entsprechen weitgehend deutschen Vorstellungen. Nach mehr als zehnjähriger Erfahrung mit der gemeinsamen europäischen Währung wird man der Europäischen Zentralbank ein mustergültiges Verhalten bescheinigen dürfen. Die bisherigen Präsidenten Wim Duisenberg und Jean-Claude Trichet sowie die Mitglieder des EZB-Rates sind ihrer Stabilitätsverpflichtung genauso überzeugend nachgekommen wie früher die Repräsentanten der Bundesbank. […] In Europa ist eine

Stabilitätskultur entstanden, wie es sie früher nicht gegeben hat.«[71]

- Bundeskanzler Helmut Kohl am 23. April 1998 im Bundestag: »Nach den vertraglichen Regelungen gibt es keine Haftung der Gemeinschaft für Verbindlichkeiten der Mitgliedstaaten und keine zusätzlichen Finanztranfers.«[72]
- Jean-Claude Juncker, damals Chef der Euro-Gruppe, war im Frühjahr 2010 »der festen Überzeugung, dass Griechenland diese Hilfe nie wird in Anspruch nehmen müssen, weil das griechische Konsolidierungsprogramm in höchstem Maße glaubwürdig ist«.[73]
- »Wir werden jeden Cent zurückzahlen«, sagte Giorgos Papandreou, damals griechischer Ministerpräsident, am 23. März 2011. »Deutschland bekommt sein Geld zurück, und zwar mit hohen Zinsen.«[74]
- Philipp Rösler, FDP-Chef, Vizekanzler und Bundeswirtschaftsminister, im August 2012: »Das Geld in Deutschland selber ist sicher. […] Anleihenankäufe, das liegt in der Unabhängigkeit, in den Möglichkeiten der Europäischen Zentralbank.«[75]
- Der griechische Ministerpräsident Antonis Samaras Ende August 2012: »Natürlich werden wir [die Griechen] unsere Schulden zurückzahlen, ich verspreche es.«[76]
- José Manuel Barroso, EU-Kommissionspräsident: »Entweder wir schwimmen zusammen – oder wir gehen einzeln unter.«[77] Wirklich? Vielleicht könnte man auch gemeinsam untergehen oder alleine schwimmen?
- Wolfgang Schäuble: »There will be no Staatsbankrott in Greece.«[78] »Wenn der Euro nicht zusammenbleibt, zahlen

wir [die Deutschen] den höchsten Preis. Deswegen: Diejenigen, die so einen Haufen dummes Zeug reden, wissen nicht,
wovon sie reden.«[79]

- Mario Draghi, Präsident der Europäischen Zentralbank:
»Der Euro ist unumkehrbar. Es ist zwecklos, gegen den Euro
zu wetten.«[80]

Es wird in den kommenden Monaten und Jahren mit an Sicherheit grenzender Wahrscheinlichkeit viele weitere Beispiele
für Aussagen von Politikern geben, die phantasievoll Maßstä-
be setzen.

Die Folgen sind dramatisch. Wenn Geld stirbt, gibt es nur
wenige Menschen, denen man Glauben schenken kann – das
ist die entscheidende Aussage dieses kurzen Abschnitts. Die
politische Klasse in ihrer Gesamtheit verdient leider nur wenig
Vertrauen. Wer Politikern in der jetzigen Situation, der größten Krise in der Geschichte der Bundesrepublik, glaubt und
vertraut, könnte etwas ganz Großes falsch machen und Opfer seiner Naivität werden. Ratsam ist vielmehr, Politikern mit
größter Skepsis zu begegnen, ihnen aber zuzuhören. Sollte die
Bundeskanzlerin (oder natürlich einer ihrer Amtsnachfolger)
ein weiteres Mal öffentlich erklären, dass die Sparguthaben der
Bundesbürger »sicher« seien und von der Regierung »garantiert« würden, wissen Sie, dass exakt dies offenbar nicht der Fall
ist und das deutsche – oder sogar das globale – Banken- und
Finanzsystem mit großer Wahrscheinlichkeit ein weiteres Mal
vor dem Kollaps steht.

Jean-Claude Juncker, luxemburgischer Regierungs-Chef, hat
das Prinzip, wie zum Auftakt dieses Abschnitts zitiert, auf den

Punkt gebracht: Wenn es ernst werde, sagt er, müsse man als Politiker lügen. Das bedeutet: Wenn es ernst wird, nehmen gewählte Politiker sich die Freiheit, ihre Wähler anzulügen.

Die Lage ist seit sechs Jahren ernst. Die Wähler sollten wissen, was sie von ihren Politikern zu halten haben.

3. Ein Notfallplan

»Wir sind neun Mahlzeiten von Anarchie entfernt.«
– Lord Cameron of Dillington

Das Wirtschaftssystem unserer globalisierten Welt basiert auf sogenannter Just-in-time-Produktion. Im Kern geht es dabei um das Senken von Kosten, indem die Lagerhaltung auf ein Minimum reduziert wird. Aus Sicht der Unternehmen ist dies natürlich sinnvoll.

Just-in-time-Produktion ist allerdings auch riskant, wenn an einer Stelle der Produktionskette ein Rädchen im Getriebe nicht funktioniert wie erwartet. Als beispielsweise Islands Vulkan Eyjafjallajökull im Frühjahr 2010 ausbrach, geriet der Luftverkehr in weiten Teilen Europas durcheinander. Wenige Tage später standen Produktionsanlagen in Deutschland und anderen europäischen Ländern still, mit weitreichenden Folgen für die Wirtschaft.

Auch im Privaten hat in den vergangenen Jahrzehnten Just-in-time-Management Einzug gehalten. In den 1970er-Jahren, als ich Kind war, war es normal, dass Haushalte – zumindest die auf dem Land – ein System der eigenen Nahrungsproduktion hatten und sich zum Teil selbst mit Lebensmitteln versorgten. Die meisten verfügten über eine gut sortierte Speisekammer oder einen Keller für die Lagerung von Konserven und anderen Vorräten. Hinter dem Haus lagen oft Gemüsegarten, Obstbäume, Sträucher. Im Sommer und Herbst, zur Erntezeit der meisten Nutzpflanzen, wurden selbstverständlich Obst und Gemüse eingemacht, Marmelade gekocht und Saft abgefüllt. Schossen die Pilze aus dem Boden oder wurden die Haselnüsse am Straßenrand reif, wurde gesammelt und gepflückt. Viele Familien hatten damals noch eigenes Geflügel. Hinter den Wohnhäusern in unserer Straße in einem norddeutschen Dorf, die meisten Anfang der 1960er-Jahre errichtet, standen reihenweise Stallgebäude, ideal für ein oder zwei Schweine.

Diese Infrastruktur der teilweisen Selbstversorgung ist bei einem großen Teil der Haushalte in Deutschland und in anderen Ländern heute nicht mehr vorhanden. In meiner eigenen Familie verschwand das Gemüsebeet ungefähr Ende der 1970er-Jahre. Es war schlicht einfacher und billiger, Erbsen, Möhren, Rhabarber und Erdbeeren im Supermarkt oder beim Händler zu kaufen. Bequemer und hübscher war es natürlich auch: Man hatte keine Arbeit mehr und konnte an Stelle des Küchengartens Rasen oder Zierpflanzen kultivieren. In den 1980er- und 1990er-Jahren verschwanden bei uns nach und nach die Obstbäume. Das Ernten, Verarbeiten und das herbstliche Laubharken waren meiner Familie zu lästig. Dieser Trend – weg von der Selbstversorgung, hin zum Just-in-time-Einkauf – zeigte sich in Millionen Haushalten.

In normalen Zeiten ist das selbstverständlich ebenso nachvollziehbar wie problemlos. In Krisen kann dieses Versorgungsprinzip jedoch rasch zu einem Engpass führen und, wenn es hart auf hart kommt, zu einer Katastrophe. In keinem Lebensbereich droht der oben bereits angesprochene *normalcy bias* meines Erachtens so akut und schmerzhaft auszufallen wie bei der Grundversorgung der Bevölkerung in einer echten Krise. Unterversorgungssituationen und Hungersnöte entstehen in der Regel nicht, weil es in der Welt, in einem Land, in einer Region oder – aufgrund der hohen Bevölkerungsdichte besonders anfällig – in einer Großstadt nicht genügend Lebensmittel gäbe. Sie entwickeln sich, wenn Teile der Bevölkerung keinen Zugang zu ihnen haben. Das ist zum Beispiel der Fall, wenn Handel oder Währung ausfallen.

Ich glaube nicht, dass jeder Haushalt in Deutschland eine Art Panic Room braucht oder einen Bunker mit Lebensmitteln für sechs Monate einrichten sollte. Ich glaube aber sehr wohl, dass jeder angesichts der aktuellen, längst nicht ausgestandenen Finanz- und Währungskrise das scheinbar Undenkbare durchdenken, sich unhysterisch vorbereiten und einen individuellen Notfallplan aufstellen sollte. Die Versorgungssysteme bei uns und in anderen Ländern der westlichen Welt sind viel fragiler, als wir ahnen. Der Wirtschaftspublizist Ulrich Horstmann hat ein Beispiel dafür gefunden, das ich zitieren möchte: »Jahrelang hatten die Politiker den Bürgern versichert, […] [man] habe das solideste Finanzsystem der Welt. Dann war es plötzlich unmöglich, im Supermarkt einen Liter Milch zu kaufen. […] Die Leute fühlten sich, als wären sie plötzlich aus der Zivilisation gefallen.« Horstmann bezieht sich auf die Währungs- und Finanzkrise Argentiniens Anfang dieses Jahrtausends.[81]

Teile der Euro-Zone sind von einer »Argentinisierung« in diesem Sinne heute nicht weit entfernt. Griechenland (mit einer Arbeitslosenquote von rund 25 Prozent) und Spanien (mit Jugendarbeitslosigkeit von mehr als 50 Prozent) zählen möglicherweise schon zu dieser Gruppe.[82] Ich bin sicher, dass viele Griechen heute das Gefühl haben, in kürzester Zeit »aus der Zivilisation gefallen« zu sein.

Doch warum sollte eine systemische Finanzkrise, wie sie hier beschrieben wird, die Grundversorgung der Bevölkerung überhaupt gefährden können? Für die meisten ist das ein unvorstellbarer Gedanke. Sie fragen, was das eine mit dem anderen zu tun habe.

Möglicherweise nichts, wenn sich das Banken- und Finanzsystem als stärker als von vielen befürchtet erweisen sollte; möglicherweise aber auch sehr viel, sollte es zu einer neuen Welle von Bankenschließungen und -verstaatlichungen kommen. Dass dies alles andere als eine theoretische Gedankenspielerei ist, haben die vergangenen sechs Jahre in aller Deutlichkeit und Dramatik gezeigt. Die Auswirkungen, die der Kollaps von Finanzunternehmen haben kann, sind real und potenziell verheerend. Innerhalb einer Woche nach der ersten Schließung eines großen Instituts, vielleicht schon binnen 48 Stunden, könnte das Finanzsystem erneut am Abgrund stehen. In diesem Szenario ist es, anders als viele glauben, keineswegs sicher, dass Geldautomaten wie gewohnt Bargeld in beliebiger Höhe in Umlauf bringen. Der Zugriff auf Bankeinlagen könnte vorübergehend eingeschränkt oder unmöglich sein, Kreditkarten wären nutzlos; die Aktienkurse würden ein weiteres Mal massiv auf breiter Front einbrechen. Nur diejenigen, die in diesem Umfeld über Bargeld verfügen, könnten noch in Geschäften bezahlen. Größere Transaktionen – zum Beispiel der Kauf von Waschmaschine oder Auto – wären für die meisten nahezu unmöglich. Nicht, weil sie keine Kaufkraft hätten, sondern weil sie darauf kurzfristig nicht zugreifen könnten.

Der von mir bereits zitierte David Korowicz hat jüngst auf die Verknüpfung von systemischer Bankenkrise und der Versorgungskette der Volkswirtschaft hingewiesen, die im Zuge des Lehman-Desasters im Herbst 2008 offenkundig wurde. Der Kollaps der US-Großbank führte zur Einstellung von Akkreditiven, im Englischen *Letters of Credit* genannt, ohne die internationaler Handel heute praktisch unmöglich ist. Banken horteten Liquidität, als sie das Vertrauen in ihre Geschäftspartner verloren. In der Folge brach der Baltic Dry Index, ein Standardindikator für die Logistikkosten des Welthandels, um mehr als 90 Prozent ein. Der internationale Handel wurde in kürzester Zeit massiv ausgebremst.

Die Gefahr besteht, dass sich diese Ereigniskette in ähnlicher Form wiederholt, wenn das Finanzsystem erneut zu kollabieren droht. Ein großer Teil der Güter, die Deutschland aus dem Ausland bezieht, könnte nicht oder nur verzögert geliefert werden, was insbesondere bei verderblichen Waren riskant ist. Feinjustierte Produktionsketten, etwa in der Automobil- und Elektronikindustrie, könnten aus dem Takt geraten. Die Versorgung mit Energie- und Industrierohstoffen aus dem Ausland wäre mittel- und langfristig unsicher.

Um es klar zu sagen: Dieses Szenario *muss* nicht Wirklichkeit werden. Der Umstand, dass es im Bereich des Möglichen liegt, wie die ersten Jahre der Krise verdeutlicht haben, ist beunruhigend genug. Unternehmen, die diese Zusammenhänge ignorieren und nicht die Folgen durchspielen, machen meines Erachtens einen großen Fehler.

Das gilt auch für Privathaushalte. Sie sollten einen Notfallplan entwickeln und sich umsichtig und konsequent auf Tage und Wochen – vielleicht Monate – vorbereiten, in denen die Grundversorgung, an die unsere Gesellschaft sich in der relativen Stabilität der Nachkriegszeit gewöhnt hat, nicht oder nicht mehr ausreichend funktioniert. Brauchen sie den Notfallplan am Ende doch nicht: umso besser.

Folgende fünf Aspekte sollten dabei eine Rolle spielen, wobei die kurze Liste keinen Anspruch auf vollständige Breite oder Tiefe erhebt[83]:

- Wie steht es um die Versorgung mit **Lebensmitteln?** Für die meisten ist dies eine eher schlichte Frage: Essen gibt es seit Jahrzehnten jeden Tag frisch in den Regalen der Supermärkte und Geschäfte oder in Gaststätten; wir alle beschäftigen uns heute mehr mit der Frage, was ökologisch-nachhaltig erzeugt wird und was nicht, als mit der Versorgungssicherheit. Warum sollte das morgen oder nächstes Jahr anders sein? *Normalcy bias* eben. Verständlich. Aber nicht umsichtig.
Vergessen sollte man dabei nicht die vom britischen Politiker Lord Cameron geprägte Maxime, dass eine moderne Gesellschaft niemals mehr als neun Mahlzeiten von der Anarchie entfernt ist, also drei Tage. Supermärkte schlagen ihre Ware oft innerhalb von 48 Stunden um.[84] Kommt keine neue, sind die Regale schnell geleert. Eine Renaissance der Vorratskammer im eigenen Haushalt scheint daher mehr als sinnvoll. Selbst das Bundesministerium für Ernährung, Landwirtschaft und Verbraucherschutz findet die Idee gut und empfiehlt allen Verbrauchern, einen Notvorrat für 14 Tage anzulegen.[85]

Wer das für wirr hält, sollte innehalten und nachdenken. Er könnte eines Tages feststellen, dass andere Leute die Regale der Läden binnen weniger Tage oder Stunden leeren und Hamsterkäufe tätigen[86] – vor allem diejenigen, die bar bezahlen können. Man kann ein noch so bedachtsam-vorsichtiges Naturell haben: Wenn das eigene Lebensumfeld in Panik gerät und zentnerweise Lebensmittel kauft, hat das für jeden, selbst den Phlegmatiker, reale Konsequenzen.

Hinzu kommt, dass Lebensmittel ein »Sachwertinvestment« sind, wenngleich, zugegeben, ein unorthodoxes. »Nutzgüter sind eine [...] Art von Eigentum, die normalerweise ihren Wert in einer Inflation behalten, obwohl sie im Allgemeinen nicht als eine Form von Investment gelten«, schreibt Jens O. Parsson.[87] Aus den Jahren 1922/23, als die Weimarer Republik eine totale Geldentwertung erlebte, sind zahlreiche Beispiele für verzerrte Tauschhandel bekannt, etwa wenn Schmuck oder das gesamte Familiensilber für zwei Sack Kartoffeln eingetauscht wurden oder ein Sack Weizenmehl für ein Klavier.[88] Das mag im Einzelfall sinnvoll oder sogar lebensrettend gewesen sein. Es hat indes denjenigen, die etwas an und für sich Werthaltiges gegen etwas in normalen Zeiten Billiges eintauschten, einen dramatischen Vermögensverlust beschert. Kurz: Gold und Juwelen sind selbst in einer Inflation nicht alles.

- Auch die deutsche **Gesundheitsversorgung** ist ein anfälliges Just-in-time-System. Binnen weniger Stunden werden Medikamente und Wirkstoffe im gesamten Bundesgebiet verschickt, viele davon in technisch anspruchsvollen Kühlketten. Nicht anders ist es bei medizinischem Gerät und Verbrauchsgegenständen wie Spritzen oder Verbandzeug. Leben in einem Haushalt Personen, die regelmäßig auf Arzneien oder medizinische Versorgung angewiesen sind, beispielsweise Diabetiker, muss dies im Zuge des Notfallplans eine zentrale Rolle spielen.

- Wie lebt man ohne **Bargeld?** Auch hier praktizieren wir alle den Just-in-time-Ansatz: Wenn wir Bargeld brauchen, holen wir es am Bankschalter oder am Geldautomaten, in der Regel in kleineren Mengen für zwei oder drei Tage. Das folgende Unterkapitel geht näher auf diesen Punkt ein.

- Wie kommt man klar, wenn Tankstellen kein **Benzin** und andere Treibstoffe mehr verkaufen, weil sie ihnen nur noch sporadisch oder überhaupt nicht mehr geliefert werden? Dies dürfte vor allem im ländlichen Raum viele Probleme nach sich ziehen.

- Die wenigsten von uns sind darauf vorbereitet, auch nur einen Tag ohne **Strom** oder **Trinkwasser** aus der Leitung leben zu müssen.

Der eine oder andere mag denken, dass ja etwas dran sein mag an dieser Warnung. Es müsste aber doch, sollte es wirklich ernst werden, reichlich Zeit bleiben, um noch schnell Vorräte aufzustocken und ein paar Kerzen und Katzenfutter zu holen? Ich fürchte, das ist naiv. Korowicz hat für ein nicht ganz unwahrscheinliches Szenario – »ein Zerbrechen des Euro und eine damit verbundene systemische Bankenkrise« – die Auswirkungen auf die Versorgungsketten und die Wahrscheinlichkeit einer Lebensmittelkrise analysiert. »Innerhalb von Tagen« sei es in den direkt betroffenen Ländern so weit; Produktionsausfälle in aller Welt könnten »innerhalb einer Woche« folgen. »Dies wird die Ansteckung innerhalb des Finanzsystems verstärken und verbreiten«, und »je länger die Krise andauert, um so größer ist die Wahrscheinlichkeit ihrer Unumkehrbarkeit. Dies könnte bereits innerhalb von drei Wochen der Fall sein.«[89] Die entscheidenden Worte sind: »innerhalb von Tagen« (Lebensmittel); »innerhalb einer Woche« (Produktion); »innerhalb von drei Wochen« (Unumkehrbarkeit). Wer sich in so einem Umfeld auf die Suche nach Katzenfutter macht, wird sein Haustier kaum mit frischer Markenware beglücken können.

Ähnlich beunruhigend ist eine Studie der American Trucking Associations, einer Lobbyorganisation der Lkw-Logistik in den USA, von der man daher im Prinzip nichts erwarten darf, was die eigene Bedeutung schmälern würde. (Außerdem wären die Vereinigten Staaten, ein deutlich größeres Land mit straßenverkehrslastigerer Infrastruktur als Deutschland, bei einem plötzlichen Stillstand der Lkw-Logistik möglicherweise noch intensiver betroffen, als wir es in Deutschland wären.) Dennoch machen die Ergebnisse nachdenklich.[90] Was würde passieren, so die Ausgangsfrage, wenn der Lastwagenverkehr aufgrund eines wirtschaftlichen Schocks – etwa eines vorübergehenden Zusammenbruchs des Finanzsystems – zum Erliegen käme?

- **Innerhalb von 24 Stunden,** so die American Trucking Associations, wird in betroffenen Gebieten die Auslieferung von Arzneien und medizinischem Gerät eingestellt. Erste Tankstellen haben keinen Treibstoff mehr, die Benzinpreise schießen hoch. In Unternehmen mit Just-in-time-Produktion schrumpfen die Lager mit benötigten Komponenten. Post- und Paketverkehr kommen zum Erliegen. Einzelne Lebensmittel werden knapp.

- **Innerhalb von zwei bis drei Tagen** sind Grundnahrungsmittel wie Mineralwasser, Milchpulver und Dosenfleisch ausverkauft, Verbraucher beginnen das Horten von Vorräten. Geldautomaten geben keine Banknoten mehr aus, Banken können Zahlungen nicht mehr abwickeln. Privatfahrzeuge und Lkws erhalten an Tankstellen keinen Treibstoff mehr. Die Müllabfuhr bricht zusammen. Der Zugverkehr ist unterbrochen und kommt schließlich zum Erliegen.
- **Innerhalb einer Woche** kommen Straßenverkehr und öffentliche Transportsysteme mangels Treibstoff zum Stillstand. Verbraucher in den betroffenen Regionen können weder zur Arbeit noch zu Geschäften oder zum Arzt gelangen. In Krankenhäusern gehen die Sauerstoffvorräte zur Neige.
- **Innerhalb von zwei Wochen** wird das Trinkwasser knapp.
- **Innerhalb von vier Wochen** muss alles Wasser abgekocht werden. Magen-Darm-Beschwerden nehmen in der Bevölkerung zu.

»Anfangs«, glaubt Korowicz, »wären diejenigen am meisten betroffen, die über wenig Bargeld und geringe Vorräte verfügen, die eingeschränkt mobil sind und nur ein lose geknüpftes Familien- und Freundesnetzwerk nutzen können.« Mit jedem Tag würde die Anzahl der Betroffenen indes steigen. »Die Kommunikation wäre zunehmend beeinträchtigt, da Handyguthaben aufgebraucht würden und nicht erneuert werden könnten, Benzin knapp und das öffentliche Transportsystem eingeschränkt wären.«[91] Aber die Regierung würde doch eingreifen? Vielleicht. Vielleicht auch nicht. »Ohne seriöse Vorbereitungen«, lautet Korowiczs Fazit, »wäre eine Regierung nicht in der Lage, für Wochen auch nur eine Notversorgung mit Lebensmitteln bereitzustellen.«[92] Ich gehe davon aus, dass die Regierungen Deutschlands und anderer Euro-Zonenländer bis heute keine ausreichenden Vorbereitungen für dieses erschreckende Szenario getroffen haben.

Was also tun? Das Haushaltsvermögen in Deutschland liegt zurzeit, wie zahlreiche Studien ermittelt haben, bei durchschnittlich mehr als 100 000 Euro, wobei man selbstverständlich berücksichtigen muss, dass dieser Durchschnittswert die ungleiche Verteilung kaschiert. Wenn jeder Haushalt, abhängig von Größe und den jeweiligen Lebensumständen und Bedürfnissen, indes nur ein bis drei Prozent der verfügbaren Mittel einsetzte, um die Notfallversorgung sicherzustellen, wäre viel gewonnen. Man sollte dies als eine Art Versicherung betrachten, die sich als wichtiger erweisen könnte als viele der überflüssigen Policen, die heute abgeschlossen werden. Auch scheint mir die Umsetzung eines mit Kosten verbundenen Notfallplans eine deutlich bessere Idee zu sein, als das dafür nötige Geld auf einem Sparbuch oder Festgeldkonto mit negativen Realzinsen an Wert verlieren zu lassen.

Ein Wort der Warnung am Schluss: Wer angesichts der in diesem Abschnitt aufgezeigten Perspektiven für seinen Haushalt einen Notfallplan durchdenkt und entwickelt, ist gut beraten, nicht viel Aufhebens darum zu machen und den Mund zu halten. Bleibt eine Versorgungskrise – was uneingeschränkt zu hoffen ist – in den kommenden Jahren aus, blamiert er sich als Spinner oder Schlimmeres.[93] Kommt sie, könnte es binnen weniger Tage ausgesprochen ungemütliche Szenen geben, auch und gerade in unserem seit Jahrzehnten an Wohlstand und Versorgungssicherheit gewöhnten Land. Wer dann auf Vorräten sitzt, von denen alle Facebook-Freunde und -Feinde wissen, wird als egoistischer Hamsterer gelten, nicht als umsichtiger Haushaltsmanager.

4. Bargeld

»Geld im rechten Augenblick zu haben, das allein ist Geld.«
– Detlev von Liliencron

Das, was wir »Geld« nennen, erfüllt unterschiedliche Aufgaben. Eine wichtige Funktion liegt darin, dass Banknoten und Münzen (und natürlich Bankkarten, Kreditkarten, Schecks und so weiter) den Austausch von Waren und Dienstleistungen erleichtern und in vielen Fällen erst ermöglichen. Es ist beispielsweise viel praktischer, den Friseur mit einem Geldschein zu bezahlen, als ihm im Austausch für einen Haarschnitt zwei geschlachtete Hühner aus eigener Produktion zu überreichen, die er an den nächsten Tagen vielleicht gern verzehren würde. Zu normalen Zeiten steht diese Funktion für die meisten von uns im Vordergrund – selbstverständlich ohne dass wir viel darüber nachdenken würden; Geld war und ist eine wirklich nützliche Erfindung.

In Finanzkrisen tritt allerdings eine andere Funktion des Geldes in den Vordergrund: die als »Speicher« von Vermögen und Kaufkraft. Die entscheidende Erkenntnis, die sich jeder bewusst machen sollte, liegt darin, dass »Geld« eben nicht »Geld« ist, dass ein beträchtlicher Unterschied zwischen Bargeld im Portemonnaie und Einlagen auf klassischen »Geldparkplätzen« besteht, also beispielsweise Guthaben auf Girokonten, Sparbüchern, Tagesgeldkonten, Termingeld- oder Festgeldkonten. Diese Aufbewahrungsorte für Kaufkraft galten in den vergangenen Jahrzehnten als völlig sicher. Sie sind es nicht mehr, jedenfalls nicht in dieser Absolutheit.

Aber, aber, sagen jetzt sicher einige, das sei doch Unsinn, das Geld bei der Bank sei »garantiert«. Erstens sage dies die Bundeskanzlerin; zweitens gebe es bekanntlich die komplexen und in ihrer Tiefe und Breite durchaus soliden und überzeugenden deutschen Einlagensicherungssysteme – 100 000 Euro pro Kunde und Bank zuzüglich der Sicherungsnetze der verschiedenen Bankenverbände?

Wenn Kanzlerin und andere Politiker öffentlich die »Sicherheit« unserer Bankeinlagen bezeugen, dann bin ich, wie bereits gesagt, alarmiert. Ist die Lage so ernst, dass Sicherheit vom Staat »garantiert« werden muss, ist etwas ernsthaft faul im Staate. Die Einlagensicherung wiederum funktioniert sehr gut, wenn eine einzelne Bank in Schwierigkeiten gerät, selbst eine größere. Einen systemischen Kollaps – und um den geht es, wenn Finanzsysteme wanken – wird sie in meiner subjektiven Schätzung vielleicht zwei Tage überstehen. Dann ist das Volumen ausgeschöpft, die Sparer dürfen vor verschlossenen Türen protestieren, und Politiker erklären, dass eben alle einen Beitrag leisten müssten.

Ich halte es für eine sinnvolle Vorsichtsmaßnahme für jeden Haushalt, sich zur Vorbereitung auf einen Krisenfall einen Vorrat an Bargeld anzulegen und dieses an einem sicheren, jederzeit zugänglichen Ort aufzubewahren. Ein Tresor bietet sich an; ein Schließfach bei der Bank *kann* funktionieren, wenngleich ich mir nicht sicher bin, dass dort die ständige Zugänglichkeit im Katastrophenfall gewährleistet ist. Dieses Bargeld ist für eine Krise beabsichtigt: Sollten einzelne Banken in Deutschland in den kommenden Jahren vorübergehend (oder gar für immer) ihre Türen schließen, ist es höchst nützlich, über Barreserven zu verfügen, mit denen man in Geschäften, die noch über Angebot verfügen, das Nötigste kaufen kann. Als Faustregel scheinen mir 1000 Euro pro Person im eigenen Haushalt brauchbar. Es kann natürlich, je nach Neigung, Vermögensverhältnissen und aktueller Nachrichtenlage, auch deutlich mehr oder deutlich weniger sein.

Was Euro-Banknoten im Bargelddepot angeht, habe ich persönlich eine Präferenz für Scheine mit »X« in der Seriennummer, die jeden Euro-Geldschein schmückt. Vielen Verbrauchern ist nicht klar, dass ein Euroschein nicht *zwangsläufig* so gut wie der andere ist. Dank der aufgedruckten Seriennummer ist jederzeit erkennbar, welche nationale Notenbank im EZB-System – also welches Land – den jeweiligen Schein ausgegeben hat. Das Prinzip dürfte den meisten von Euro-Münzen vertraut sein: Während bei allen Münzen eine Seite einheitlich »europäisch« geprägt ist, ist die andere Seite für nationale Symbole und Beschriftungen reserviert. Sollte ein Mitglied der Euro-Zone den gemeinsamen Währungsraum verlassen, könnte es, fürchte ich, einen Unterschied machen, ob man eine Banknote dieses Landes oder eines anderen, verbleibenden in der Brieftasche hat. An dieser Stelle ernte ich erfahrungsgemäß Proteste: Es sei völliger Unsinn, dass ein deutscher 20-Euro-Schein besser oder schlechter als ein griechischer sei. Die EZB garantiere etc., etc. Ja. Natürlich. Und alle Regierungen der Eurozonenländer haben vertraglich garantiert, dass ein Mitglied nicht für die Schulden eines anderen zahlen und die EZB keine Regierungen und defizitären Staatshaushalte finanzieren werde.

Wer einen Bargeldvorrat anlegt, tut meines Erachtens daher gut daran, einen Blick auf die Seriennummer der Scheine zu werfen, die er für den Krisenfall vom Konto holt. Die Seriennummer, die jede Banknote auf der Rückseite führt, hat zwölf Stellen und beginnt immer mit einem Buchstaben. Es ist der einzige der Seriennummer; die anderen Zeichen sind Zahlen. Alle Scheine, die von Deutschland ausgegeben wurden, beginnen mit einem »X«. Es handelt sich also, vereinfacht formuliert, um einen »deutschen« – oder jedenfalls »deutschstämmigen« – Euro.

Aktuell nutzen die 17 Euro-Länder folgende Kennbuchstaben:

Z	Belgien
Y	Griechenland
X	Deutschland
V	Spanien
U	Frankreich
T	Irland
S	Italien
P	Niederlande
N	Österreich
M	Portugal
L	Finnland
H	Slowenien
G	Zypern
F	Malta
E	Slowakei
D	Estland

Es sind 16 statt 17 Buchstaben, weil Luxemburg bisher keine eigenen Banknoten mit dem zugewiesenen Buchstaben »R« ausgegeben hat.[94]

Zurzeit sind, was die Geldscheine im Tresor angeht, die Exemplare aus Deutschland (Buchstabe X), Estland (D), Finnland (L), den Niederlanden (P) und Österreich (N) besonders attraktiv. Diese Staaten sind relativ solide. Die Betonung liegt auf *relativ*.

Am anderen Ende des Bonitätsspektrums stehen vor allem finanziell gefährdete Staaten wie Griechenland (Y), Portugal (M), Irland (T), Slowenien (H) und Zypern (G) sowie Spanien (V) und Italien (S). Auch Belgien (Z) könnte aufgrund der sehr hohen Staatsverschuldung und des gelähmten politischen Systems zum Problem werden.

Die übrigen Länder bilden zurzeit das Mittelfeld. Dabei sollte man nicht vergessen, dass sich die finanzielle Situation eines Staats in recht kurzer Zeit dramatisch verschlechtern kann. Griechenland, Irland und Portugal haben dies vorgemacht.

Es ist denkbar – wenngleich alles andere als begrüßenswert –, dass die Zahlungsunfähigkeit eines Mitglieds der Euro-Zone und das Ausscheiden aus dem gemeinsamen Währungsraum das von diesem Land ausgegebene Bargeld für Verbraucher weniger attraktiv erscheinen lassen. Würden die Deutschen noch griechische Y-Scheine als Wechselgeld akzeptieren, wenn die Athener Regierung in Aussicht stellte, eine neue Währung einzuführen, etwa eine »Neue Drachme«, die mit großer Wahrscheinlichkeit erheblich zum Euro abwerten würde? Würden die Griechen selbst in diesem Szenario lieber einen Y-Schein in der Geldbörse haben oder einen X-Schein? Ich fürchte, die Antwort liegt auf der Hand.

Wer mit einer Pleite Griechenlands oder anderer Länder der Euro-Zone rechnet, macht keinen Fehler, schon jetzt gelegentlich auf die Banknoten in seiner Brieftasche zu schauen, die »guten« zu behalten und die »schlechten« bevorzugt auszugeben. Dies funktioniert natürlich nur, solange nicht alle Verbraucher und Einzelhändler die dubioseren Scheine skeptisch sehen. Ich persönlich glaube, dass es lediglich eine Frage der Zeit ist, bis Geschäfte in der Euro-Zone nur noch Scheine der finanziell relativ starken Länder akzeptieren. Um es in Anlehnung an George Orwells *Farm der Tiere* zu formulieren: Alle Euro-Scheine sind gleich; aber manche sind gleicher.

Ein Tipp: Beim Aufbau des persönlichen Bargelddepots kann es durchaus sinnvoll sein, das Risiko zu streuen und auch Banknoten anderer Währungen zu nutzen, selbst vor dem Hintergrund, dass keineswegs nur der Euro vor einer dramatischen Entwertung stehen könnte, sondern auch die eine oder andere bekannte Währung. Wer streut, verteilt seine Ersparnisse auf mehrere Währungsräume – eine kluge Vorsichtsmaßnahme. Währungen, die sich besonders für diese Form der Diversifizierung eignen, sind aus heutiger Sicht beispielsweise die norwegische Krone, die dänische Krone, die schwedische Krone, der australische Dollar sowie Schweizer Franken, britische Pfund und US-Dollar.

5. Die »sichere« Rente vom Staat

*»Das Menschenleben ist seltsam eingerichtet: Nach den
Jahren der Last hat man die Last der Jahre.«*
– Johann Wolfgang von Goethe

Ob Deflations- oder Inflationsszenario: Das gesetzliche Rentensystem in Deutschland wird in naher Zukunft unter beträchtlichen Druck geraten – mit Konsequenzen für alle, die darauf setzen, mit ihrem Eintritt in den Altersruhestand vom Staat finanziell versorgt zu werden.

Es ist seit Langem bekannt, dass das System der gesetzlichen Rentenversicherung in Deutschland viele Probleme hat, die insbesondere von einer seit Jahren beobachteten und unaufhaltsamen demografischen Entwicklung geprägt werden: der Alterung der Gesellschaft. Dieser Trend erfordert einen Umbau der Sozialversicherungssysteme und wird uns allen – insbesondere natürlich den Beitrags- und Steuerzahlern – noch viele Sorgen bereiten und uns viel Geld kosten. Es ist immerhin umlagefinanziert. Das bedeutet, dass junge Bundesbürger (von denen es künftig weniger gibt) für die älteren zahlen (von denen es immer mehr gibt). Dies ist zwar ein grober Konstruktionsfehler im System, der die gesetzliche Rentenversicherung in Deutschland zugleich aber von den Kapitalmärkten relativ unabhängig macht – anders als bei der Alternative, dem Kapitaldeckungsverfahren, bei dem im Kern jeder für sich selbst spart und vorsorgt. Würden beispielsweise mehrere der finanziell angeschlagenen Mitgliedsländer der Euro-Zone eine Staatspleite hinlegen – sagen wir Griechenland, Irland, Portugal und Spanien –, wäre dies

ohne jeden Zweifel eine Katastrophe. Aufgrund der Umlagefi-
nanzierung gäbe es *direkt* allerdings keine verheerenden Verluste in den gesetzlichen Rentenkassen, schließlich verwaltet die
Rentenversicherung kein (oder nur sehr wenig) Anlagevermögen und hat daher auch kein Geld in Staatsanleihen finanziell
fragwürdiger Länder gesteckt, die bei einer Pleite abgeschrie-
ben werden müssten.

Indirekt wären die Folgen indessen groß. Eine Pleiteserie in
der Peripherie der Euro-Zone würde auch die deutschen Staatsfinanzen, lange nicht mehr erstklassig solide[95], zerrütten. Weitere
»Rettungsschirme« würden aufgespannt, Garantien und Bürg-
schaft abgegeben werden. Mit Wirtschaft und Welthandel würde das Steueraufkommen einbrechen. Deutschlands Finanzlage
würde sich drastisch weiter verschlechtern, und es versteht sich,
dass auch die Bundesrepublik pleitegehen kann, wenn sie sich
finanziell unverantwortlich übernimmt. Die Rente vom Staat ist
nur »sicher«, solange es diesen Staat überhaupt gibt beziehungsweise er zahlungsfähig bleibt.

Schlimm genug. Ein noch erheblich größeres Risiko für
Rentner wäre ein Umfeld steigender Preise. Inflation hat die
Eigenschaft, die reale Kaufkraft von nominalen Zahlungen –
Renten und Pensionen zählen in diese Gruppe, egal, ob sie vom
Staat oder einer privaten Versorgungsstelle, etwa einer Versiche-
rung oder einem Pensionsfonds, ausgeschüttet werden – zu ver-
nichten. In der Hyperinflation der frühen 1920er-Jahre zählten
Rentner und Pensionäre zu den größten Verlierern. Millionen
ältere Menschen, noch wenige Monate zuvor gut oder bestens
situiert, verloren damals binnen Wochen ihre Lebensgrundlage.
Viele brachten sich in ihrer Not um.[96]

In der politischen Diskussion ist mitunter von »Altersarmut« in Deutschland die Rede, die etwa Bundesarbeitsministerin Ursula von der Leyen als Problem geortet zu haben glaubt. Ich persönlich finde das wenig überzeugend, solange ein erheblich größerer Anteil junger Leute und insbesondere Kinder in finanziell engen oder engsten Verhältnissen leben. (Diese Jungen dürfen darüber hinaus ihr Leben lang die Renten der Älteren finanzieren und müssen sich selbst später mit niedrigeren Zahlungen zufriedengeben.)

Der entscheidende Punkt ist hier jedoch ein anderer. Wer heute »Altersarmut« diagnostiziert, tut meines Erachtens gut daran, die Erfahrungen der Bürger in Deutschland vor 90 Jahren zu studieren, also in einem hochinflationären Umfeld. *Das* war Altersarmut, mit erschütternden Konsequenzen. Inflation ist das wirkungsvollste Instrument, um ältere Menschen, die in der Regel keine Arbeit mehr aufnehmen können, in Existenznot zu schicken.

Tatsächlich hat die schleichende Entwertung der staatlichen Renten in Deutschland längst begonnen. Ihre Kaufkraft sank nach Angaben der Bundesregierung zwischen der Jahrtausendwende und dem Jahr 2012 – also in zwölf Jahren – um 17 Prozent in West- und um 22 Prozent in Ostdeutschland.[97] Dieser Trend verheißt für die nächsten Jahre nichts Gutes. Es kommt hinzu, dass das Rentenniveau bis 2030 ohnehin auf 43 Prozent der durchschnittlichen Nettobezüge sinken wird.

Die gesetzliche Rente wird aus heutiger Sicht bei vielen Versicherten nicht für die Versorgung im Alter ausreichen. Die Folgen der Finanzkrise werden die Absicherung im Alter in einem Ausmaß gefährden, das heute in seinen Dimensionen nicht seriös absehbar und berechenbar ist. Rechnen Sie daher mit dem Schlimmsten, und leiten Sie Vermögen erhaltende und Vermögen bildende Gegenmaßnahmen ein – je früher und konsequenter, desto besser. Anregungen, wie man diesen Vermögensumbau am besten angeht, folgen im nächsten Abschnitt.

Die eigentliche Katastrophe liegt darin, dass es mit einem Zeithorizont von mehreren Jahrzehnten – und unter Annahme eines früher oder später hochinflationären Umfelds – zum ersten Mal seit Generationen im Bereich des Möglichen liegt, dass die gesetzliche Rente nicht nur unappetitlich ausfällt, sondern, gemessen an ihrer Kaufkraft, zum Totalausfall werden könnte. Ich selbst bin 45 Jahre alt und zahle seit mehr als einem Vierteljahrhundert (mit kleineren Unterbrechungen) in die gesetzliche Rentenkasse ein. Ich gehe nicht mehr davon aus, dass ich mit Erreichen der künftig geltenden Regelaltersgrenze – aktuell sind dies 67 Lebensjahre, für mich und Angehörige meiner Generation werden es wahrscheinlich 72 oder 74 Jahre sein – eine gesetzliche Rente vom deutschen Staat erhalten werde, deren Kaufkraft auch nur die Wohnung heizen würde. Aber gewiss: »Sicher« im Sinne des Wortes ist diese Rente. Man könnte nur fast nichts mehr dafür kriegen.

So etwas könnte es in Deutschland – reich, wirtschaftlich wettbewerbsfähig, politisch stabil – nicht geben, meinen Sie vielleicht? Falls ja, haben Sie meine Sympathie. Ich verweise allerdings auf den weiter oben angesprochenen *normalcy bias,* der das Denken vieler von uns immer wieder auf ausgetretene Pfade zurücklenkt. Das, was nicht sein darf, kann durchaus Realität werden. In den vergangenen 90 Jahren haben Deutschlands Rentner, Pensionäre und all jene, die privat für ihr Alter vorsorgten (zum Beispiel mit Staatsanleihen oder Kapitallebensversicherungen), bereits zweimal extreme Verluste oder Totalausfälle hinnehmen müssen. Einmal in den Jahren der Hyperinflation 1922/23, ein zweites Mal im Zuge der westdeutschen Währungsreform nach dem Zweiten Weltkrieg. 1948 wurden die staatlichen Renten zwar eins zu eins von Reichsmark auf Deutsche Mark umgestellt, die privaten Vorsorgeinstrumente aber in erheblich schlechteren Verhältnissen, also mit horrenden Abschlägen.

In beiden Krisenszenarien, die im Mittelpunkt dieses Buchs stehen, ist die Alterversorgung der Deutschen akut gefährdet, sowohl die aus gesetzlichen als auch jene aus privaten Quellen. Dies wäre eine Katastrophe, auf die weder unsere Regierung und die Sozialversicherungssysteme noch die Bürger vorbereitet sind.

6. Echte Werte

»Vieles von dem, was für Vermögen gehalten wird, ist
lediglich ein Platzhalter für echtes Vermögen.«
– David Korowicz[98]

Jeder Verbraucher muss, um in den nächsten Jahren eine finanzielle Katastrophe zu vermeiden, den Unterschied zwischen zwei Anlageklassen verstehen: nominalen und realen Vermögenswerten. Wer diesen Unterschied nicht verinnerlicht, läuft Gefahr, einen Großteil seines Vermögens und seiner Ersparnisse zu verlieren. Das größte Risiko der Geldanlage liegt auf absehbare Zeit *nicht* mehr darin, dass Vermögenswerte im Wert schwanken – eine Besonderheit von Anlagen wie Aktien oder Fonds, die viele Privatanleger schwer erträglich finden. Das entscheidende Risiko liegt darin, dass scheinbar sichere, in ihrem Nominalwert nicht schwankende Anlagen – zum Beispiel Guthaben auf Sparbüchern oder Anleihen – ihren inneren Wert verlieren: die Kaufkraft.

Die Deutschen verstehen, wie zahlreiche Untersuchungen zeigen, in der Regel wenig von der Geldanlage. Zwar gibt es Studien, in denen Verbraucher *sich selbst* bei Themen rund um die privaten Finanzen großen oder größten Sachverstand attestieren.[99] Die Mehrzahl scheitert in meiner Erfahrung – und ich glaube: in der Erfahrung der meisten Bankberater und Finanzvermittler – jedoch bereits an der Frage, wo die doch recht erheblichen Unterschiede zwischen einer Daimler-Aktie und einer Daimler-Anleihe liegen. Dem Muster entsprechend halten sich die meisten Deutschen in der Selbsteinschätzung für überdurchschnittlich gute Autofahrer, was statistisch nicht möglich ist.

Pikanterweise sind viele Finanzanlagen, die die Deutschen für besonders sicher und ideal für ihren Vermögensaufbau halten[100], *nominal* sicher. Was sie für besonders spekulativ, suspekt und unerträglich anstrengend halten – Aktien, Gold, einiges andere –, ist nominal unsicher, aber *real* relativ sicher. Ihre Anlagedepots und Vermögensaufstellungen zeichnen sich durch ein markantes Ungleichgewicht aus. Der deutsche Finanzmarktexperte Philipp Vorndran schätzt, dass »der Anteil von Nominalwerten an vielen Privatvermögen nach Einbeziehung von Kapitallebensversicherungen und Rentenansprüchen oft in den Bereich zwischen 70 und 90 Prozent steigt«[101]. Das ist eine absehbare Katastrophe. Im Finanzumfeld, in dem wir uns zurzeit bewegen, machen die meisten Sparer in Deutschland das meiste falsch. Das übergeordnete Leitmotiv der Geldanlage muss angesichts der systemischen Verwerfungen unseres Finanzsystems lauten: raus aus nominal »sicheren« Werten, rein in reale Werte.

- Nominal »sichere« Anlageformen sind beispielsweise die meisten **Anleihen**[102], **Spareinlagen** und **Sparbücher, Kontoguthaben** und **Bargeld, Festgeld** und **Termingeld.**
- Als sogenannte reale Vermögenswerte gelten zum Beispiel **Aktien** und **Aktienfonds, Gold** und andere **Edelmetalle, Edelsteine, Rohstoffe, Kunst** und Sammlungen, **Möbel, Autos** und einiges mehr. **Immobilien** zählen ebenfalls in diese Gruppe, also Wohnobjekte und gewerbliche Immobilien, Wald und Ackerland.

Wenn Geld stirbt, haben reale Werte einen Vor- und einen Nachteil. Sie können drastisch an Wert verlieren, was für ihre Besitzer hektisch sein kann, behalten langfristig aber mit großer Wahrscheinlichkeit einen realen Wert, also Kaufkraft. Nominale Anlagen, manchmal auch »finanzielle Vermögenswerte« genannt, schwanken oft nicht (oder wenig oder langsam) im Wert, können ihre Kaufkraft aber nicht bewahren. Im schlimmsten Fall löst sie sich einfach in nichts auf. Es geht also nicht darum, sein Geld in absoluter Höhe zu retten – zum Beispiel heute 100 000 Euro zu besitzen und in einem Jahr mit Zinsen 102 000 Euro –, sondern die Kaufkraft des eigenen Vermögens unter Berücksichtigung der Inflation.

Tabu als Element der Geldanlage sind daher für die kommenden Jahre die meisten Staatsanleihen und klassische Geldparkplätze wie Sparbücher, Tagesgeldkonto und ähnliche, fälschlich als »sicher« eingestufte Aufbewahrungsorte. Kapitallebensversicherungen und private Rentenversicherungen, zwei der beliebtesten Anlageformen in Deutschland? Keine gute Idee. Riester-Rente und Rürup-Rente? Wer sie hat, sollte sie wegen der hohen Abschlussgebühren und der rigiden Spielregeln behalten, sich aber klarmachen, dass die Kaufkraft dieser Vorsorgeformen zum Zeitpunkt der Auszahlung – also oft in ferner Zukunft – völlig offen ist. Eine Inflation würde selbstverständlich auch den realen Wert dieser vom Staat geförderten Vorsorgeformen gefährden. Auf einige der wichtigsten Anlageformen gehe ich in den folgenden fünf Unterkapiteln ausführlicher ein.

Zugleich sollten Sparer nicht vergessen, dass das erste und wichtigste Grundgesetz der Vermögensbildung und -mehrung lautet: Nie alles auf eine Karte setzen, Risiken sinnvoll streuen, die Mischung macht's.[103] Diese Maxime gilt erst recht in Krisenzeiten. Fällt hier etwas, steigt gleichzeitig dort etwas anderes, sodass verheerende Verluste weniger wahrscheinlich sind.

Vor diesem Hintergrund ist es sinnvoll, nicht das *gesamte* Vermögen auf reale Anlagen zu setzen: Jeder, selbstverständlich auch ich, kann sich bei Finanzprognosen und Empfehlungen irren. Entscheidend ist und bleibt allerdings, nicht das gesamte Vermögen – oder einen großen Teil davon – in Anlagen zu haben, die ihre Kaufkraft langfristig nicht behaupten dürften. Als Faustregel würde ich ein Verhältnis von 80 Prozent (real) zu 20 Prozent (nominal) für empfehlenswert halten. Selbstverständlich sollte man auch *innerhalb* dieser beiden Segmente diversifizieren, also etwa innerhalb des realen Segments keineswegs »alles auf Gold« oder »alles auf Immobilien« setzen.

Um es zum Schluss dieses Abschnitts noch einmal in aller Deutlichkeit zu sagen: In einem inflationären Szenario, das aus heutiger Sicht mittel- und langfristig deutlich wahrscheinlicher ist als ein deflationäres, sind nominal investierte Ersparnisse nicht die sicherste Anlageform, sondern die riskanteste – und mit großer Wahrscheinlichkeit die schlechteste. Die Folgen aus diesem Satz sind für uns alle enorm. Wer keine Konsequenzen daraus zieht, geht ein möglicherweise existenzielles Risiko ein.

7. Staatsanleihen, Zertifikate, Derivate

> *»Meine gute Frau, wo ist der Staat, der Ihnen diese*
> *Wertpapiere garantiert hat? Er ist tot.«*
> – Frau Eisenmenger[104]

Es gibt eine Fülle von Wertpapieren, die per se nicht werthaltig sind, sondern Wert lediglich »versprechen«. Die drei in der Überschrift genannten Anlagesegmente – Anleihen, Zertifikate und Derivate – fallen in diese Gruppe.

Staatsanleihen wie deutsche Bundesanleihen oder amerikanische Treasuries haben bei Millionen Menschen bis heute den Ruf, völlig sicher und selbst für konservativste, jedes Risiko vermeidende Anleger geeignet zu sein. Die Regierungen der Welt versprechen den Käufern ihrer Anleihen, wie verabredet Zinsen zu zahlen und am Ende der Laufzeit das eingesetzte Kapital an den Gläubiger zurückzugeben. Sparer glauben dies vor allem, weil es – jedenfalls bei Bundesanleihen und Treasuries – noch nie einen Ausfall gegeben hat. Einmal sicher, immer sicher, lautet ihre Devise. Was soll schon schiefgehen, wenn noch nie etwas schiefgegangen ist?

Ich halte diese Annahme für falsch und riskant. Die Versprechen einer Regierung sind exakt so lange verlässlich, bis sie gebrochen werden. Vergessen wir nicht, dass viele südeuropäische Staatsanleihen noch vor wenigen Jahren ein »AAA«-Rating aufwiesen und als absolut sicher galten. Die Zeit könnte kommen, dass man lachen und sich fragen wird, wie ganze Generationen die Schuldscheine von Regierungen jemals als grundsolide »Investments« haben ansehen können. Staatsanleihen, die in der Masse seit 30 Jahren gewaltige Wertzuwächse gesehen haben, sind möglicherweise die größte Anlageblase der Geschichte. Das macht sie aktuell besonders anfällig für einen hässlichen Rückschlag. Was jahrzehntelang als Investment mit risikoloser Rendite galt, ist längst zum Investment mit renditelosem Risiko verkommen. Früher oder später wird die Masse der Marktteilnehmer zu dieser Erkenntnis gelangen und Anleihen abstoßen, egal zu welchem Preis.

Dass platzende Investmentblasen viel Unordnung verursachen können, kann inzwischen niemanden mehr überraschen. Um die Dimensionen zu verdeutlichen: Der globale Anleihemarkt ist deutlich größer als der globale Aktienmarkt. Wenn die Aktienbörsen einen Crash hinlegen, ist dies aufgrund des Wertverlusts und der Verunsicherung der Finanzmärkte oft katastrophal, wenngleich derartige Wunden erfahrungsgemäß schnell heilen können, sobald die Börsenkurse wieder steigen. Sollten die Anleihemärkte einen Crash hinlegen, wären die Folgen erheblich schlimmer – und die Anleihenmärkte, angefeuert vom seit Jahren wütenden Gelddruckfieber der großen Notenbanken, notieren auf blasenverdächtigem 30-Jahre-Hoch, während die Aktienmärkte Anfang 2013 nach den meisten herkömmlichen Kriterien weder sensationell billig noch irrational teuer erscheinen.

Differenzieren sollte man an dieser Stelle zwischen den Anleihen von Staaten und Unternehmen. Firmen, die zahlungsunfähig werden, verschwinden oft von der Bildfläche (aber keineswegs immer, falls das Geschäftsmodell intakt ist und restrukturiert werden kann). Staaten und Regierungen, die zahlungsfähig werden, existieren in der Regel weiter. Noch wichtiger: Unternehmen, die Anleihen begeben, also Schulden machen, sind an den Rechtsrahmen ihrer Vereinbarungen gebunden. Regierungen können Gesetze jederzeit ändern, die Spielregeln der Anleihenmärkte beeinflussen oder die Besteuerung von Zinsen (auf die Staatsschulden) anheben. In Krisen gilt, dass der Zweck die Mittel heiligt.

Noch pikanter wird die Situation, wenn man einer anderen Regierung als der eigenen sein Geld anvertraut. Wenn etwa die Griechen die Zinszahlungen einstellen – ja, was dann? Soll man einen empörten Brief an den griechischen Premierminister schreiben? Viel Glück. Dass die Pleite Griechenlands in das Mäntelchen des »freiwilligen« Schuldenschnitts gewandet wurde, ist ein schönes Beispiel aus der Trickkiste und ein skandalöser Vorgang. Diese Aktion im März 2012 war de facto die größte Staatspleite in der Geschichte der Menschheit; de jure darf man sie aber so nicht nennen, war schließlich alles »freiwillig«.

Selbst in der Euro-Zone und von Deutschland werden reihenweise fest vereinbarte Spielregeln gebrochen und während des Spiels geändert, sobald dies opportun erscheint. Für die Zukunft lässt das nichts Gutes erahnen. Die amerikanische Anlagegesellschaft Elliott Management hat vor Kurzem eine klare Anlageempfehlung ausgesprochen. Langlaufende Staatsanleihen der USA, Europas, Großbritanniens und Japans »werden in den nächsten zehn bis 20 Jahren wahrscheinlich die am schlechtesten abschneidende Anlageklasse sein. Unseren Freunden geben wir diese Empfehlung: Wenn ihr solche Schuldpapiere besitzt, verkauft sie jetzt. Ihr habt einen großartigen Lauf gehabt, überstrapaziert euer Glück nicht. Ab hier ist im Wesentlichen alles Risiko mit sehr wenig Entlohnung.«[105] Der Investor Doug Casey würde sagen, »Anleihen sind die Short-Strategie des Jahrhunderts«[106]. (Mit einem »Short« verdient man an der Börse an fallenden Kursen.)

Dabei sind einige Anleihen aus heutiger Sicht besser als andere – also, was ihre Sicherheit angeht, *relativ* gut, wenngleich, was eine mögliche Geldentwertung anbelangt, nicht *absolut* empfehlenswert:

- Vermeiden sollte man deutsche und US-amerikanische Staatsanleihen sowie Anleihen von Eurozonenländern: Entweder sind diese schon finanziell angeschlagen, oder sie werden es spätestens dann sein, wenn sie, wie Deutschland, für ihre Partnerländer zahlen dürfen. Japan und Großbritannien sind ebenfalls tabu.

- Vergleichsweise attraktiv sind Staatsanleihen reicher Staaten wie Australien, Kanada, Singapur, Norwegen, Schweden oder Dänemark, bei denen das Ausfallrisiko heute und auf absehbare Zeit zu vernachlässigen ist. Entsprechend niedrig sind die Renditen, und es besteht ein Wechselkursrisiko (beziehungsweise eine Wechselkurschance, wenn die Anleihenwährung zum Euro aufwerten sollte). Selbst die Anleihen dieser Länder könnten aber von einer aufkeimenden globalen Inflation in Mitleidenschaft gezogen werden.

- Staatsanleihen einzelner finanziell solider Schwellenländer können ein Depot ergänzen. Lateinamerikanische Staaten wie Brasilien und Mexiko waren beispielsweise noch vor 20 Jahren dank hoher Inflationsschübe, dubioser Regierungen, schlechter Zahlungsmoral und zahlreicher vorausgegangener Staatspleiten in Verruf. Heute sind ihre Anleihen nach Auffassung mancher Beobachter attraktiver als US-amerikanische oder deutsche.

- Unternehmensanleihen sind als Segment deutlich interessanter als Staatsanleihen. Firmen haben, was ihre Schulden angeht, weniger Tricks im Ärmel als Regierungen.

Andere Wertpapierklassen, die nicht selbst werthaltig sind, sondern lediglich Wert versprechen, sind Zertifikate und Derivate. Beide Anlagesegmente sind in Deutschland ausgesprochen beliebt, extrem umfassend und komplex. Es gibt, für jeden erfahreneren Marktteilnehmer käuflich, Millionen *verschiedene* Zertifikate und Derivate.[107] Die meisten Deutschen haben es in Fragen der Geldanlage, Vermögensbildung und Altersvorsorge schwer genug, auch ohne sich die besonderen Risiken und Kompliziertheiten von Zertifikaten und anderen Derivaten anzutun. Ganz sicher ist es mit diesen Anlagegattungen aber einfacher, sich in die Privatinsolvenz zu spekulieren.

Zertifikate, von der Finanzpresse in Deutschland in schier

endloser Seitenzahl aufbereitet und abgearbeitet (die Emittenten von Zertifikaten sind wichtige Anzeigenkunden), bilden heute einen schier unübersichtlichen Markt. Zertifikate beziehen sich bei ihrer Wertbildung auf andere Finanzmarktparameter, beispielsweise Aktienindizes, Rohstoffnotierungen, Wechselkurse oder einzelne Aktien. Die meisten von ihnen weisen ein Emittentenrisiko auf. Wird der Herausgeber eines Zertifikats zahlungsunfähig, geht der Wert des Zertifikats auf null, egal welcher Investmentidee der Schein folgt. Insbesondere im Zuge von Finanzkrisen geraten die Emittenten von Zertifikaten – in erster Linie Banken – in Schwierigkeiten. Wer ein Zertifikat eines bestimmten Emittenten kauft, glaubt also daran (und wettet implizit darauf), dass der Emittent im Zeitraum des Anlagehorizonts nicht zu existieren aufhört, und er nimmt dem Emittenten dessen Versprechen ab, die getroffenen Vereinbarungen und Zahlungszusagen zu erfüllen. Schön und gut. Stellen Sie sich zur Illustration vor, Sie wären Passagier der *Titanic*, die soeben einen Eisberg im Nordatlantik gestreift hat und in zwei Stunden untergehen wird. Was hätten Sie in dieser Situation lieber: einen Platz in einem Rettungsboot oder einen Zettel, der Ihnen einen Platz im Rettungsboot zusichert?[108]

Wer, wie ich, keine rosige Zukunft erwartet, sollte um Zertifikate auf absehbare Zeit einen großen Bogen machen und dieses Segment meiden. Mit der Summe der Anlagealternativen ist eine umsichtige Vermögensstrukturierung problemlos möglich.

Während Zertifikate krisenanfällig und für die meisten Anleger in Deutschland ungeeignet und überflüssig sind, stellen Derivate insgesamt eine »Zeitbombe« und eine »Massenvernichtungswaffe« dar, um bekannte Ausdrücke des US-Investors

Warren Buffett zu zitieren. Die Beträge, um die es in diesem Markt geht, sind abenteuerlich und unvorstellbar hoch. Insgesamt lag das Volumen des sogenannten Over-the-Counter-Derivate-Segments Mitte 2012 bei 639 Billionen Dollar[109], was annähernd 100 000 Dollar *pro Mensch* und dem Zehnfachen der Weltwirtschaftsleistung eines Jahres entspricht.

Sollte dieses Monster eines Tages ins Wanken geraten – etwa weil erneut mehrere Banken gleichzeitig in die Zahlungsunfähigkeit abzugleiten drohen –, werden wir die mit Abstand größte Finanzkrise unseres Lebens durchstehen müssen. Sparer sollten sich meines Erachtens nicht auf diese komplexen Instrumente einlassen. Privatanleger tun gut daran, in den kommenden Jahren einen großen Bogen um die meisten Staatsanleihen, Zertifikate und Derivate zu machen.

8. Lebens- und Rentenversicherungen

»Sie vertrauten Ihnen und dachten, ihr Geld wäre sicher.«
»Tja, war es aber nicht. Konnte es nicht sein. Es gibt nirgends Sicherheit, und diejenigen, die das nicht verstanden, waren wie Trottel, die sich in einem Taifun unter einem Regenschirm verstecken wollten.«
– JAMES HILTON: DER VERLORENE HORIZONT, 1933

Kapitallebensversicherungen und private Rentenversicherungen sind zwei der wichtigsten Anlageformen in Deutschland. Sie dienen vor allem der privaten Altersversorgung, die die Dürftigkeit der zu erwartenden »sicheren« Rente vom Staat kompen-

sieren soll. Die etwa 82 Millionen Bürger nutzen heute mehr als
90 Millionen Lebensversicherungen.[110] Rechnerisch kommt also
auf jeden Deutschen mehr als ein Vertrag.

Sowohl Kapitallebensversicherungen als auch private Rentenversicherungen schütten in der Regel hohe Beträge aus, sollte
der Versicherte während der Laufzeit des Vertrags sterben. Dieses Geld dient vor allem, nicht anders als bei einer reinen Risikolebensversicherung, der Absicherung von Angehörigen. Die
Versicherer überweisen bei diesen Sparformen aber auch dann
viel Geld, wenn der Versicherte *nicht* stirbt, sondern den vertraglich vereinbarten Ablauftermin der Police erreicht. Bis dahin mehren Versicherungsgesellschaften das ihnen anvertraute
Kapital, idealerweise clever.

Kapitallebensversicherungen und Rentenversicherungen weisen aufgrund ihrer Konstruktion einige Vorzüge auf, zugleich
aber beträchtliche Nachteile, die in vielen Büchern und Medien-
berichten ausführlich und überzeugend erörtert worden sind. Zu
den Vorteilen gehören neben der Versicherungskomponente die
relativ gute Berechenbarkeit dieser Policen (etwa im Vergleich
mit der Wertentwicklung eines Aktienfonds) und ihre Bequem-
lichkeit (einmal abschließen, einige Jahrzehnte Ruhe). Sollte das
Unternehmen, bei dem ein Vertrag abgeschlossen wurde, wider
Erwarten zahlungsunfähig werden, tritt die Auffanggesellschaft
Protektor, eine Art Einlagensicherung der Versicherer, ein.

Zu den Nachteilen zählen die hohen und für die meisten Verbraucher nicht ansatzweise nachvollziehbaren Gebühren, die bei
diesen Anlageformen anfallen. Die Verträge sind, da sie fast immer für viele Jahre abgeschlossen werden, extrem unflexibel. Wer
seinen Vertrag vorzeitig kündigt – etwa weil sich seine finanzi-

ellen Verhältnisse während der Laufzeit verschlechtern –, kann massive Verluste erleiden, vor allem in den ersten Jahren nach Abschluss. (Etwa drei Viertel der Verträge mit einer Laufzeit von 30 Jahren werden vor Erreichen des ursprünglich geplanten Vertragsendes gekündigt.) Die steuerlichen Rahmenbedingungen haben sich außerdem mit dem Jahreswechsel 2004/05 erheblich verschlechtert.

Kapitallebensversicherungen und Rentenversicherung können unter Umständen trotz dieser Nachteile sinnvoll sein, wenn man nach bestem Wissen und Gewissen davon ausgehen kann, ein Leben in planbaren Verhältnissen vor sich zu haben, in dem sich keine finanziellen Schocks wie Arbeitslosigkeit, eine ernste Erkrankung oder eine kostspielige Scheidung ereignen. Das ist ein großes Wenn. Das Leben der meisten Menschen verläuft in finanzieller Hinsicht keineswegs einförmig, erst recht nicht drei Jahrzehnte lang. Gelegentliche persönliche Finanzengpässe sind die Regel, nicht die Ausnahme.

Die Krise, die wir heute auf nationaler und internationaler Ebene erleben, sorgt bei beiden Anlageformen für eine Extra-Komplikation, die sich aus der Anlagepolitik der Versicherungsgesellschaften ergibt. Der größte Teil des ihnen anvertrauten Kapitals fließt in festverzinsliche Wertpapiere, also Anleihen oder Rentenpapiere, die bis Ausbruch der Finanzkrise als sicheres Anlagesegment galten und es meist auch waren. Kleinere Prozentanteile stecken in Aktien, Immobilien oder anderen Anlageformen. Etwa 90 Prozent des Kapitals liegen in Nominalvermögen, nicht in realen Werten. Seit Ausbruch der Krise haben die Versicherer ihren Rentenanteil im Schnitt sogar von 82,3 auf 89,3 Prozent *aufgestockt*. Im Gegenzug sank der Aktienanteil von 8,5 Prozent (2007) auf unter drei Prozent. Bei einigen großen Gesellschaften sind es weniger als ein Prozent. Das ist in der aktuellen Lage eine bemerkenswert ungeeignete Vermögensstruktur. Die »Versicherungen investieren wie der deutsche Michel«, wie es die Wirtschaftsredakteure der Tageszeitung *Die Welt* ausdrücken.[111]

Die Funktionsweise von Lebens- und Rentenversicherungen birgt im aktuellen Krisenumfeld und auf Jahre hinaus zwei erhebliche Probleme:

- Die beschriebene Portfoliostruktur führt bei vielen Verträgen, die keine einladende Garantieverzinsung aufweisen[112], auf Jahre hinaus zu einer **niedrigen Realverzinsung**. Mit einem Anlageschwerpunkt auf festverzinslichen Wertpapieren werden viele Policen künftig unbefriedigende – oder real sogar negative – Renditen erzielen. Für einen großen Teil der Versicherten, die mit diesen langfristig besparten Anlageformen Vermögen aufbauen und ihre Absicherung im Alter finanzieren wollten, ist das eine Art Vorsorgedesaster in Zeitlupe. Einzelne Versicherungsgesellschaften schichten ihr Portfolio zurzeit zwar gezielt um, beispielsweise in Windkraft- und Solaranlagen, die höhere Renditen versprechen. Ob dies branchenweit funktioniert – also auch bei kleineren, weniger finanzstarken Anbietern –, ist aber offen.
- Noch viel gefährlicher ist jedoch die Gefahr durch **Inflation**, die sich im Zuge der Krisenpolitik der vergangenen Jahre aufgebaut hat. Sparer können sich mit recht großer Wahrscheinlichkeit darauf verlassen, mit Ablauf ihrer Verträge eine nominal hohe Summe in Empfang zu nehmen, sehr schön.

Nicht so schön ist, dass sie sich von dem überwiesenen Betrag dann mit großer Wahrscheinlichkeit keine Immobilie mehr kaufen können, wie einst vielleicht erhofft, sondern nur noch ein Auto – und möglicherweise keinen großen Neuwagen, sondern einen kleinen gebrauchten. Hier liegt das Kernproblem: Die Zukunftsfähigkeit von Kapitallebens- und Rentenversicherungen mit ihrer heutigen Anlagestruktur steht und fällt mit der Geldentwertung in den kommenden Jahrzehnten. Wie hoch die Inflation sein wird, weiß niemand. Die Indikatoren zeigen jedoch die höchste Alarmstufe an. Sollten wir in den nächsten zwei oder drei Jahrzehnten nur einmal einen drastischen Inflationsschub sehen – ich persönlich halte dies für wahrscheinlich –, würden aufgelaufene Versicherungsguthaben in kürzester Zeit entwertet. Damit würde eine der wichtigsten Säulen der privaten Altersvorsorge in Deutschland ausfallen.

Die Frage, welche Konsequenzen man als Verbraucher in dieser Situation ziehen sollte, ist heikel und schwer zu beantworten. Die absehbaren Folgen der Finanzkrise führen dank niedriger Renditen und der nicht mehr gegebenen Zuverlässigkeit langfristiger Anlageformen in ein Dilemma. Verfolgen Versicherte ihr Sparprogramm diszipliniert weiter, könnte ihr Durchhaltevermögen eines Tages mit entsetzlichen Realrenditen belohnt werden – und möglicherweise, sofern wir Inflation erleben, mit einem Totalausfall. Lösen sie bestehende Verträge dagegen auf, drohen kurzfristig empfindlich hohe Verluste, insbesondere bei Policen, die erst wenige Jahre laufen. Und sollte die Inflation doch nicht an Dynamik gewinnen (was ich sehr bezweifle), hätten sie im Rückblick eine eklatante Fehlentscheidung getroffen. Diesen Unwägbarkeiten muss man entgegenhalten, dass ein Erlös aus der Kündigung einer Versicherung in andere Anlageformen überführt werden kann, die auf reale (nicht nominale) Werte setzen und eine erfreuliche Rendite erzielen können. Was also tun?

Eine große Zahl von Versicherungsgesellschaften macht bei der Geldanlage vieles falsch, und das für teures Geld, also hohe Gebühren. Man sollte ihnen im aktuellen, von extremer Unsicherheit geprägten Umfeld kein Geld anvertrauen, erst recht nicht für die größeren oder großen Beträge, die bei Maßnahmen für die eigene Altersversorgung in der Regel notwendig sind, um langfristig nennenswert Kapital zu bilden. Die Verbraucher in Deutschland müssen bei diesen Sparformen, die in Millionen Haushalten einen nennenswerten bis sehr großen Teil der Ersparnisse ausmachen, umdenken, alles auf den Prüfstand stellen und möglicherweise eine Kehrtwende von 180 Grad einleiten:

- Wer sich mit dem Gedanken trägt, in absehbarer Zeit eine Kapitallebensversicherung oder private Rentenversicherung abzuschließen, sollte dies meines Erachtens nicht tun, sondern alternativen »realen« Anlageformen den Vorzug geben.
- Wer, wie die meisten von uns (auch ich), Verträge am Laufen hat, sollte ebenso kritisch wie umsichtig prüfen, ob und zu welchen Bedingungen sich ein Verkauf lohnt beziehungsweise inwieweit die damit verbundenen Verluste die Unwägbarkeiten, die in Zukunft drohen, mehr als aufwiegen. Auch eine Beitragsfreistellung kann eine Option sein. Diese Schritte erfordern Disziplin, Konsequenz und einiges an mathe-

118

matischen Fähigkeiten, und ihnen sollte unbedingt eine ausführliche, persönliche Beratung mit unabhängigen Experten vorausgehen. Verbraucherzentralen können oft helfen oder einen Ansprechpartner nennen.

- Eine wichtige Qualifikation betrifft fondsgebundene Lebensversicherungen, bei denen der Sparanteil in Investmentfonds gesteckt werden kann, also auch – abhängig von den Vorlieben des Kunden – in Aktien- und Mischfonds, die ganz oder zu einem nennenswerten Teil in reale, nicht nominale Werte investieren. Wer einen solchen Vertrag bespart, sollte prüfen, ob das Management das Sparvermögen zum größten Teil in real rentable Anlagen steckt, insbesondere in Aktien und Immobilien, und ob das Geld global gestreut arbeitet, was das Risiko senkt. Falls nicht, ist bei diesen Verträgen oft ein Wechsel von einem Fonds (zum Beispiel einem reinen Rentenfonds) in einen anderen (zum Beispiel einen reinen Aktienfonds) möglich. Diese Option sollte man, sofern die Gebührenseite vertretbar ist, nutzen.

- Unbedingt beachten muss man bei einer Überprüfung einer Kapitallebensversicherung, dass einige Policen mit anderen Versicherungen gebündelt sind. Meist ist zum Beispiel eine Risikolebensversicherung zur finanziellen Absicherung von Angehörigen im Todesfall des Versicherungsnehmers enthalten; andere Verträge umfassen eine Berufsunfähigkeitskomponente. Beide Ergänzungen sind an und für sich sinnvoll und sehr wichtig. Mit zunehmendem Lebensalter oder bei Vorerkrankungen sind sie bei einem Neuabschluss aber oft hochpreisig und unter Umständen überhaupt nicht mehr realisierbar. Hier gilt es, gründlich abzuwägen.

9. Immobilien

> »*Die Immobilienpreise steigen [...] in einer Inflation*
> *schneller als andere Preise. Auf diesem inflationierten Niveau*
> *kann es leicht sein, dass Immobilien ihren relativen Markt-*
> *wert nicht halten können, während andere Preise steigen.*«
> – JENS O. PARSSON[113]

Deutschland erlebt ziemlich genau seit Beginn der Finanzkrise 2007 einen Immobilienboom.

Zufall oder nicht? Natürlich nicht.

Viele Regionen der Welt verzeichneten etwa seit Mitte der 1990er-Jahre einen beispiellosen Anstieg der Immobilienpreise, insbesondere in angelsächsisch geprägten Ländern, aber auch in Spanien, Frankreich, Italien oder Griechenland. In Deutschland dümpelten die Preise dagegen vor sich hin, fielen in weiten Landesteilen sogar, zum Beispiel in den nach der Wiedervereinigung wirtschaftlich angeschlagenen Bundesländern im Osten. Vor diesem Hintergrund kann man durchaus argumentieren, dass bei den Immobilienpreisen in Deutschland im internationalen Vergleich lediglich ein gewisser Nachholbedarf bestand, der jetzt ausgeglichen werde. In der Tat ist etwas dran an dieser These: Wenn eine Wohnung in Berlin, Haupt- und größte Stadt der größten Volkswirtschaft Europas, einen Bruchteil von dem kostet, was man für eine vergleichbare Immobilie in Athen zahlt, sind die Relationen mit einer gewissen Wahrscheinlichkeit wirklich durcheinandergeraten. Entweder sind die Preise in Athen zu hoch, in Berlin zu niedrig oder, am wahrscheinlichsten, beides.

Wichtiger für die Preisentwicklung ist allerdings die Entwicklung der Zinsen in Deutschland, die mit Beginn der Finanzkrise auf Talfahrt gingen und seit Langem extrem niedrig stehen. Wer in unserem Land heute eine Wohnung finanziert und eine Hypothek aufnimmt, zahlt oft nominale Zinsen, die marginal über der Inflationsrate liegen. Das ist insofern bemerkenswert, als die Realzinsen damit minimal sind – ein idealer Treibsatz für Immobilienpreise. Wer sich vorher nur ein Haus für 250 000 Euro leisten konnte, kann plötzlich eines für 500 000 Euro finanzieren. Kommt dann noch die von vielen subtil gespürte Angst vor einer drohenden Geldentwertung und eine Art Flucht in »Betongold« hinzu, ist ein drastischer Anstieg der Immobilienpreise nahezu unausweichlich. In dieser Situation befinden wir uns.

Für Immobilien – insbesondere für selbst bewohnte – spricht natürlich, dass ein Eigenheim ein sinnvolles Element der Vermögensbildung und Altersvorsorge darstellt. Wer im Ruhestand seine Wohnung geregelt hat und keine Miete zahlt (und keine Mietsteigerungen befürchten muss), hat es finanziell erheblich leichter und Spielraum für andere Dinge. Immobilien sind, wie oben bereits ausgeführt, »reale« Werte. Selbst in der größten Krise kann man davon ausgehen, dass sie irgeneine Form von Wert behalten werden. (Dies ist keineswegs gleichbedeutend mit: »Die Immobilienpreise werden in einer Krise nicht im Wert fallen.«) Auch die Verkäufe von Ferienimmobilien liegen im Zuge des deutschen Immobilienbooms im Sommer 2012 auf Rekordniveau[114] – für das Wirtschaftsmagazin *Capital* Grund genug, sie als »Europas härteste Währung« zu bezeichnen[115]. Auf Sylt, Ferieninsel par excellence, liegen die aufgerufenen Preise inzwischen bei bis zu 35 000 Euro pro Quadratmeter. Ob das eine Investmentblase ist oder nicht, wird die Zeit zeigen.

Wer aber – wie aktuell viele Bundesbürger, fürchte ich – aus dem Bauchgefühl heraus all sein Geld nimmt und es in Immobilien steckt, macht meines Erachtens einen Fehler. Er sollte sich die Risiken, die er eingeht, bewusst machen. Eine Immobilie ist ein guter und sinnvoller Baustein des Vermögens; zugleich sind Immobilien als Anlageklasse aber nicht so überwältigend attraktiv, dass man sie idealisieren sollte. Es gibt eine Reihe von Aspekten, die gegen eine Übergewichtung sprechen:

- Der Kauf einer Immobilie macht nur Sinn, wenn man einen vernünftigen, also nicht zu hohen Preis zahlt – eine banale, aber wahre und aktuell relevante Aussage. Sie ist umso wichtiger, als nicht wenige Bundesbürger heute zu glauben scheinen, dass man – weil ja die Inflation komme – nur reichlich Schulden machen solle; die würden dann von der Inflation »von selbst« abbezahlt. Dieser Fall mag eintreten oder auch nicht. Der Gewinn liegt aber immer noch im Einkauf.

- Die Nebenkosten des Immobilienerwerbs liegen in Deutschland im internationalen Vergleich außerordentlich hoch. Wer beim Kauf die Dienste eines Maklers in Anspruch nimmt, kommt mit Grunderwerbssteuer, Notarkosten, Grundbuchgebühren und kleineren Posten mühelos auf Nebenkosten von zwölf Prozent des Kaufpreises. Wer 300 000 Euro in eine Wohnung steckt, ist also um die 36 000 Euro extra los, die er über Wertsteigerung oder »Abwohnen« erst einmal wieder erzielen muss.

- Immobilien bieten einen *gewissen* Schutz bei einer Inflation, aber keinen *perfekten* – insbesondere in dem Fall, dass die Preise nicht nur schnell steigen, sondern immer schneller. Auf dem Höhepunkt der Hyperinflation in Deutschland konnte man beispielsweise für eine Handvoll Gold (oder Dollar) ganze Straßenzüge in den besten Innenstadtlagen Berlins kaufen. Hinzu kommt, dass Regierungen bei aus dem Ruder laufender Inflation dazu neigen, als Erstes die Mieten einzufrieren. (Mieter haben in ihrer Gesamtheit mehr Wählerstimmen als Vermieter.) Mietkontrollen wirken sich wiederum negativ auf den Wert von Immobilien aus. Auch Betongold kann sich als schlechte Anlage erweisen, selbst in einem inflationären Umfeld.

- Immobilien, die mit dem Ziel der Vermietung gekauft werden, bergen die üblichen Risiken. Diese Objekte müssen unterhalten und instandgehalten werden, was Geld und Nerven kostet und Rendite und Lebensfreude schmälert. Es besteht die Gefahr, dass Mieter nicht zahlen oder andere Scherereien verursachen. Die Rendite wird im Regelfall immer noch positiv sein, zugleich möglicherweise aber sehr niedrig. Sie hängt, versteht sich, nicht zuletzt von der Wertentwicklung ab. Die kann für Eigentümer von Immobilien erfreulich sein – ist es aber keineswegs zwangsläufig.

- Die zu erwartende »Finanzfolter« durch den Staat, zentrales Thema eines späteren Abschnitts, dürfte an Immobilienbesitzern keineswegs spurlos vorübergehen. Die Maßnahmen der finanziellen Repression werden sie vermutlich weniger hart treffen als diejenigen, die alles in nominale Anlagen gesteckt haben – aber immer noch hart.

Solange Immobilienpreise und Mieten weiter steigen, werden sich die heutigen Immobilienbesitzer und -käufer in Deutschland selbstzufrieden gratulieren und überzeugt bleiben, ein cleveres Geschäft getätigt zu haben. Doch wie lange wird der Immobilienboom laufen? Meiner Meinung nach wird er erst enden, wenn die Zinsen wieder steigen und die Nachfrage nach Grundeigentum ausbremsen. Das kann, wie die EZB in den vergangenen Monaten immer wieder klargemacht hat, noch viele Jahre dauern. Allerdings könnte es angesichts der abenteuerlichen Gelddruckerei der EZB auch schneller gehen. In der Zwischenzeit tun Haushalte gut daran, offen für die wichtige und generell solide Anlageform der selbst genutzten Immobilien zu sein – es mit ihrer Leidenschaft für Beton, Holz, Glas und Steine aber nicht zu übertreiben, insbesondere im Hinblick auf Mietobjekte, die in erster Linie mit der Hoffnung auf Vermögenserhalt erworben werden.

10. Gold

»Man muss sich entscheiden: Entweder man setzt auf die Verlässlichkeit des Goldes, oder man setzt auf die Verlässlichkeit von Ehrlichkeit und Intelligenz der Regierenden.«
– George Bernard Shaw

Gold ist eine äußerst problematische Anlageform; in dem Umfeld, das das aktuelle Finanzsystem kennzeichnet und Gegenstand dieses Buchs ist, gibt es jedoch kaum bessere. Es lohnt sich für jeden, Gold bei der persönlichen Vermögensplanung einzubeziehen.

Viele Menschen in Deutschland – in meiner Erfahrung vor allem diejenigen mit akademischem Hintergrund – tragen beim Stichwort Gold sogleich einen Einwand vor: Sie weisen darauf hin, dass der Preis des Edelmetalls in der jüngeren Vergangenheit stark gestiegen ist und es sich daher zwangsläufig um eine Investmentblase handeln müsse.[116] Wer so argumentiert, macht den Fehler, Gold als »Investment« zu betrachten, das man kauft, damit es im Wert – ausgedrückt in Papierwährungen wie Dollar und Euro – steigt. Das ist eine nachvollziehbare, im Kern aber nicht hilfreiche Sichtweise. Man sollte Gold nicht als »Investment« betrachten, sondern als »Währung«, die in einer Liga mit Dollar, Pfund, Euro und anderem *fiat money* spielt. In Relation zu diesen Währungen ist der Goldpreis – gemeint ist der *nominale* Goldpreis – in den vergangenen Jahren in der Tat massiv im Wert gestiegen. Auf Dollar-Basis etwa hat er sich binnen eines Jahrzehnts versechsfacht. Das ist für diejenigen, die in diesem Zeitraum Gold besessen haben, natürlich erfreulich. Der nominale Wertzuwachs beim Gold könnte allerdings nichts anderes bedeuten, als dass die Weltwährungen einen beträchtlichen Teil ihres inneren Werts in den vergangenen Jahren abgegeben haben, während Gold seine reale Kaufkraft weitgehend behielt oder sogar erhöhen konnte. Anders gesagt: Wir könnten es weniger mit einer »Blase« des nominalen Goldpreises, ausgedrückt in Papierwährungen wie Euro oder Dollar, zu tun haben. Vielmehr könnte der innere Wert dieser Papierwährungen verpufft sein, während Gold seine Kaufkraft behielt.

Dies ist für die nächsten Jahre relevant. Ich werde manchmal gefragt, wie hoch der Goldpreis denn noch gehen solle oder könne – stets mit der unterschwelligen Erwartung, dass die vermeintliche Edelmetallblase doch endlich platzen müsse. Diese Denkweise ist unglücklich, denn die eigentliche Frage sollte lauten, wie tief der innere Wert – also die Kaufkraft – von Währungen wie Dollar und Euro fallen könne. Mathematisch betrachtet: Wenn Papierwährungen wie Dollar und Euro in ihrer Kaufkraft gegen null tendieren, tendiert Gold gegen unendlich. Könnte eine Feinunze eines Tages also 10 000 oder sogar 100 000 Dollar oder Euro kosten? Selbstverständlich, wenn der innere Wert dieser Währungen sich nahezu vollständig auflöst.

Gold gilt – ebenso wie Immobilieneigentum – als klassisches Realvermögen. Dieses Leitmotiv ist für diejenigen, die Gold als selbstverständliche Beimischung ihres Depots betrachten, nicht neu. Ein Beispiel: Vor gut zehn Jahren gab ich meinen Job als Chefredakteur eines deutschen Anlegermagazins auf und schrieb für das letzte Heft, das in meinen Verantwortungsbereich fiel, die Titelgeschichte. Sie hieß »Goldene Zeiten«, und es gab innerhalb und außerhalb der Redaktion nicht wenige, die mich damals für verhuscht hielten und belächelten – übrigens in meinem Beruf ein recht guter Indikator dafür, dass man richtig liegt.[117] Schon vor mehr als zehn Jahren gab es eine Fülle fundamentaler Gründe, die recht deutlich für ein Goldengagement sprachen, obgleich der Preis des Edelmetalls seit der Jahrtausendwende bereits stark gestiegen war und Kritiker selbst damals vor einer Blase warnten. (Eine Unze kostete vor zehn Jahren 340 US-Dollar; Anfang 2013 lag der Preis um 1600 Dollar.) Die Notenbanken der Welt – insbesondere in Europa – schränkten zu der Zeit die Verkäufe aus ihren Beständen ein.[118] Goldproduzenten ließen Absicherungsgeschäfte (*hedges* genannt), die den Goldpreis jahrelang gedrückt hatten, nach und nach auslaufen. Bereits vor zehn Jahren gab es Anzeichen für eine steigende Nachfrage nach Gold, insbesondere in schnell wachsenden Schwellenländern wie Indien und China. Schon damals wurden berechtigte Zweifel an der Beständigkeit des Finanzsystems laut; schon damals war das Zinsniveau weltweit niedrig (was den Goldbesitz interessanter macht, da man auf weniger Zinsen verzichten muss).

Die meisten dieser Aspekte sind auch zehn Jahre später noch von Bedeutung. Die Glaubwürdigkeit des Dollar, des Euro und anderer Papierwährungen ist fragwürdiger denn je, was Gold als Alternativwährung attraktiver macht. Seit Jahrtausenden ist Gold in den meisten Kulturkreisen als Wertspeicher und glaubwürdiges Zahlungsmittel in Gebrauch, und es ist nicht unwahrscheinlich, dass dies noch ein paar Jahrtausende so weitergeht. Auch heute kann Gold ohne große Umstände in fast alle Währungen und in praktisch alle anderen Vermögensformen umgewandelt werden. Hinzu kommt, dass die Realzinsen in weiten Teilen der Welt im Zuge der Finanzkrise in den deutlich negativen Bereich gerutscht sind und dort, so die Signale von Fed, EZB und anderen Notenbanken, noch auf Jahre hinaus verharren dürften. Die Kombination aus niedrigen Nominalzinsen und hoher Inflation ist ein optimaler Treibsatz für den Goldpreis. Selbst die Notenbanken, die sich in der Summe mehrere Jahrzehnte lang von ihren Beständen getrennt hatten, waren 2010 erstmals wieder Nettokäufer.[119]

Der entscheidende Vorteil des Goldes liegt aber an anderer Stelle: Wer Gold besitzt – ich meine damit sogenanntes physisches, »anfassbares« Gold, keine Derivate –, geht kein Gegenparteirisiko ein. Dies ist in einem Umfeld, das durch den möglichen Zusammenbruch von Währungen, Währungsräumen und internationalem Finanzsystem geprägt sein könnte, ein unschätzbarer Vorteil, der den meisten Verbrauchern nicht bewusst ist. Um diesen Aspekt zu verstehen, muss man sich klarmachen, was es beispielsweise bedeutet, »Geld auf der Bank« zu haben. Die grauen Ziffern auf der Habenseite des Kontoauszugs bedeuten, dass die Bank ihrem Kunden *verspricht,* das vorhandene Guthaben jederzeit in bar auszuzahlen. Die Bank verspricht; der Kunde vertraut – und hat ein Gegenparteirisiko. Sollte die Bank zahlungsunfähig oder -unwillig werden, hat jeder, der dort eine Einlage hat, ein Problem. Wer einen Euro-Geldschein im Portemonnaie hat, vertraut darauf, dass Staat und Notenbank die Kaufkraft dieses Scheins auch in Zukunft gewährleisten (können) – auch dies ist im Kern ein Gegenparteirisiko. Wer in Zertifikate oder Derivate investiert, setzt darauf, dass die Emittenten dieser Wertpapiere, in der Regel Banken, nicht pleitegehen.

Bei Gold gibt es dagegen keine Gegenpartei und damit auch kein Gegenparteirisiko. Man besitzt es einfach. »Papier- oder elektronisches Geld stellt immer einen Anspruch an jemand anderen dar, egal ob eine Bank oder eine Regierung«, so der *Economist*-Kolumnist und Buchautor Philip Coggan.[120] Bei Gold gibt es keinen Anspruch; an niemanden. In diesem Sinne isolieren diejenigen, die Gold besitzen, ihr Vermögen weitgehend von den Unwägbarkeiten des internationalen Finanzsystems.

Selbstverständlich spricht aber nicht alles für Gold, sondern es gibt eine Reihe von Nachteilen, die man, sofern man ein Edelmetallinvestment erwägt, bei der Entscheidungsfindung berücksichtigen sollte:

- Gold wirft keine Zinsen oder Dividenden ab, es »rentiert« nicht. Allerdings werden Guthaben auf klassischen Geldparkplätzen wie Sparbüchern und Tagesgeldkonten auf absehbare Zeit nominal nur minimal und real, also nach Einberechnung der Inflation, negativ verzinst. Solange die Zentralbanken der Welt diese Niedrigzinspolitik verfolgen, wird Gold relativ interessant bleiben.

- Die sichere Aufbewahrung von Gold kostet Geld und macht etwas Arbeit (Transport, Dokumentation etc.).

- Beim Goldkauf gibt es einen Unterschied zwischen An- und Verkaufspreis, den sogenannten *spread*. Er beträgt, abhängig von Art, Gewicht und Verfügbarkeit von Münze oder Barren, bis zu mehrere Prozent und ermöglicht so Goldhändlern ihren legitimen Gewinn. Das ist für Kunden nicht toll; Gebühren fallen allerdings bei fast allen Anlageklassen in der einen oder anderen Form an. Wer Aktienfonds kauft, ist oft mit einem Ausgabeaufschlag von sechs Prozent dabei (zuzüglich der jährlichen Managementgebühr und einer erfolgsabhängigen Vergütung). Bei einem Immobilienerwerb in Deutschland betragen die Nebenkosten – also die Transaktionsgebühren – nicht selten mehr als zwölf Prozent.

- Gold kann, wie jede andere Anlageform, dramatisch im Wert fallen – selbst und gerade in dem Fall, dass das globale Finanzsystem in größte Turbulenzen gerät. Gold dient vielen dann zwar als Fluchtwährung. Die Erfahrung nach der Lehman-Pleite im September 2008 hat jedoch gezeigt, dass das nicht alles ist. Damals verschwand in kürzester Zeit Liquidität aus den Finanzmärkten; eine Bank traute der anderen nicht und verlieh kein Geld mehr. Ist Liquidität knapp oder vorübergehend überhaupt nicht verfügbar, wird eine Bank jenes flüssig machen, was gerade flüssig zu machen ist. Neben Aktien und anderen Wertpapieren können dies auch Goldpositionen sein. Wenn größere Mengen Gold zum Verkauf gestellt werden, bricht der Preis ein.

• Viele Deutsche finden Gold als eine Art Kriseninvestment interessant. Das ist nachvollziehbar. Vergessen sollten sie dabei nicht, dass auch der Staat Gold in Krisenzeiten verlockend findet – und dessen Privatbesitz immer mal wieder gern verbietet, zumal das Einziehen von Gold rechtlich einfach und schnell durchzuziehen ist, wie beispielsweise die Vereinigten Staaten 1933 zeigten.

Trotz dieser Komplikationen tun alle Bürger der Euro-Zone gut daran, einen Teil ihrer Ersparnisse in der Währung Gold aufzubewahren. Dabei sollten sie niemals alles auf eine Karte setzen, was eine höchst riskante Strategie wäre: Auch Schwarzseher und Goldapostel können sich irren. Je nach persönlicher Neigung und Vermögensstand erscheint mir ein Goldanteil am Gesamtvermögen von fünf bis 20 Prozent sinnvoll.[121]

So weit, so gut. Doch wie legt man sein Geld eigentlich in Gold an?

• Privathaushalte, die einen Teil ihrer Ersparnisse in Gold stecken wollen, sollten Münzen oder Barren kaufen. Wer deutlich fünf- und höherstellige Beträge anlegen will, kommt um Ein-Kilo-Barren oder noch höherwertige Schwergewichte nicht herum. Bei niedrigeren Beträgen sind Münzen ideal. Achten sollte man darauf, eher die bekannteren, weltweit handelbaren zu kaufen anstatt Exoten. Das kann den Verkauf eines Tages erleichtern beziehungsweise den Erlös verbessern. Gängige und international bekannte Goldmünzen sind unter anderen der Krügerrand aus Südafrika, Känguru (Australien) und Maple Leaf (Kanada).

• Man kann Gold in den meisten Bank- oder Sparkassenfilialen sowie bei Goldhändlern kaufen. Entscheidend sind dabei zwei Dinge. Zum einen muss der Kurs, zu dem man kauft, akzeptabel sein; man sollte also, bevor man zur Tat schreitet, die aktuellen und täglich schwankenden Preise vergleichen. Zum anderen muss der Verkäufer seriös und über alle Zweifel erhaben sein. Bei Banken und Sparkassen in Deutschland ist dies gegeben. Ich persönlich habe beim Edelmetallhändler Pro Aurum gute Erfahrungen gemacht, der Niederlassungen an mehr als zehn Standorten in Deutschland und in benachbarten Ländern unterhält.[122]

• Ein Schließfach, das man bei einer Bank oder einem anderen Anbieter mietet, kann zur Verwahrung sinnvoll sein, ist meines Erachtens aber nicht optimal. Sollten wir eine Krise des Finanzsystems erleben, in deren Verlauf Bankfilialen und Geldautomaten vorübergehend ihre Dienste einstellen, könnte es schwierig bis unmöglich sein, Zugang zu den Schließfächern zu erlangen. Außerdem kosten Banksafes Gebühren, deren Höhe von Größe und Servicepaket abhängt. Hinzu kommt, dass Verbraucher, die ihre Finanzgeschäfte vor allem online tätigen, Schwierigkeiten haben könnten, eine Filialbank zur Bereitstellung eines Schließfachs zu bewegen. Sie werden, sollten sie Erfolg haben, im Gegenzug ein Konto eröffnen müssen – natürlich ebenfalls gebührenpflichtig.

Der Safe zu Hause dürfte daher für viele eine sinnvollere Lösung sein. Er sollte von guter Qualität sein und fachmännisch in Wand oder Boden verankert werden. Ein brauchbarer Tresor wird vermutlich mehr als 800 Euro oder sogar deutlich im vierstelligen Bereich kosten. Er lohnt natürlich nicht, wenn es um die Aufbewahrung einer einzelnen Goldmünze geht. Ist das Anlagevermögen aber größer und will man auch die wichtigsten Dokumente, Datenträger, Schmuck und so weiter sichern, lohnt sich die Anschaffung recht schnell, zumal man gegebenenfalls die regelmäßigen Gebühren für die Miete eines Schließfachs spart. Sinnvoll ist in jedem Fall die Rücksprache mit der Hausratversicherung, die meist Empfehlungen zum Kauf eines sicheren Aufbewahrungsorts von Wertsachen geben kann.

Neben Goldmünzen und -barren gibt es weitere goldbasierte Anlageformen, die für Anleger nützlich sein können.

- **Goldminenaktien** sind grundsätzlich für alle interessant, die auf Gold setzen wollen und keine überdurchschnittlichen Berührungsängste mit Aktien haben. Der Wert dieser Anteilscheine bewegt sich tendenziell mit dem Goldpreis, und sie werfen in der Regel kleinere Dividenden in einer Größenordnung von bis zu zwei Prozent jährlich ab. Die Betonung liegt auf »tendenziell«, denn es kann über längere Zeiträume beträchtliche Differenzen in der Performance geben. Die Börsenkurse von Goldminen können sich deutlich langsamer oder schneller bewegen als der Goldpreis, da ihre Entwicklung von vielen weiteren Faktoren abhängt, insbesondere der

Qualität des Managements, der Profitabilität und dem geografischen Schwerpunkt des Unternehmens.

- Das sogenannte **Xetra-Gold** der Deutschen Börse (Wertpapierkennnummer A0S 9GB) ist eine in Deutschland beliebte Alternative zu Münzen und Barren. Es kostet kaum Gebühren und ist ebenfalls physisch hinterlegt. Das bedeutet, dass man sein Erspartes nicht in ein »theoretisches« Finanzprodukt irgendeiner Bank steckt (zum Beispiel in ein Zertifikat), sondern dass es für das Geld, das in diese Anlageform fließt, eine winzige, echte Menge Goldes gibt, die »physisch« (anfassbar) in einem Tresor liegt. Wer will, kann sich die ihm zustehende Menge Gold gegen Zahlung einer Gebühr nach Hause liefern lassen. Allerdings geht das erst ab einer Menge von einem Kilo, was im Herbst 2012 ungefähr 44 000 Euro entsprach. Für die meisten Haushalte ist das eine zu große Nummer.[123]

  Ein verwandtes, erst vor wenigen Monaten entwickeltes Wertpapier ist **Euwax Gold** der Börse Stuttgart (Wertpapierkennnummer EWG 0LD). Hier ist eine Auslieferung bereits ab 100 Gramm möglich. Der Spread zwischen An- und Verkaufspreis ist allerdings höher als bei Xetra-Gold.

  Ob die bei beiden Anlagevarianten eingeräumte Lieferoption auch bei einem Totalausfall des Finanzsystems noch funktioniert, wenn Zehntausende Goldinvestoren sich möglicherweise gleichzeitig ihr Gold aushändigen lassen wollen, lasse ich offen: Ich weiß es nicht, bin indes skeptisch.

- Anlagealternativen wie **Goldzertifikate** sind riskant und allenfalls für kurzfristige Spekulationen nützlich, die für die meisten Privathaushalte in Deutschland nicht infrage kommen. Das Problem: Derartige Scheine sind meist nicht physisch hinterlegt, sondern stellen lediglich eine Inhaberschuldverschreibung dar, »Papiergold« – also ein Versprechen des Emittenten, zu den vereinbarten Spielregeln den an den Goldpreis gekoppelten Wert des Investments bei einem Verkauf auszuzahlen. Dies geschieht nicht in der Währung Gold, sondern in einer Papierwährung wie Euro oder Dollar, die man mit einem Goldinvestment ja gerade hinter sich lassen wollte. Wie unglücklich diese Anlagemethode enden kann, machte im August 2012 die Geschäftseinstellung des Vermögensverwalters Amber Gold in Polen deutlich, die bis zu 50 000 Zertifikate-Inhaber um ihre Ersparnisse brachte. Dies ist im Prinzip auch in Deutschland möglich.[124]

Darüber hinaus gibt es eine Reihe von Gold-Alternativen, die direkt zwar nichts mit dem gelben Edelmetall zu tun haben, aber einige entscheidende Merkmale teilen.

Gold ist zwar eine praktische Anlageform zur Speicherung von Vermögen, aufgrund seiner beträchtlichen Werthaltigkeit aber eher unpraktisch im Alltag, zum Bezahlen. (Eine Ausnahme sind Ein-Gramm-Tafeln, die in Deutschland verfügbar, allerdings nicht verbreitet sind.) Man wird bei einem Kollaps unseres Finanzsystems auf dem Markt möglicherweise mit Goldmünzen bezahlen können, allerdings zu einem entsetzlichen Umtauschverhältnis. Zwei Beutel Kartoffeln für einen Krügerrand von gut 30 Gramm? Da wird der Händler lächeln, der Kartoffelkäufer nicht. Aus diesem Grund könnte **Silber** in den nächsten Jahren seine Rolle als zweites, weniger hochpreisiges und daher beim Bezahlen einsetzbares Edelmetall ausspielen. Im Herbst

2012 kostete ein Gramm Silber etwa 80 Cent, ein Gramm Gold dagegen ungefähr 44 Euro.

Mehr als eine Beimischung sollte Silber jedoch nicht sein. Anders als Gold ist es auch ein Industriemetall, das in großen Mengen ge- und verbraucht wird. Sollte es infolge einer neuerlich akuten Finanzkrise zu einem Wirtschaftseinbruch kommen, würde die Industrienachfrage nach Silber mit großer Wahrscheinlichkeit einbrechen, der Preis sinken. Und während bei einem Goldkauf in Deutschland bislang keine Umsatzsteuer anfällt, sind bei Silber, abhängig von der gewünschten Form, sieben Prozent (Münzen) oder sogar 19 Prozent (Barren) fällig. Wer Silber kauft, verbucht also zum Auftakt einen erheblichen Verlust, der anschließend durch Kurssteigerungen erst wieder ausgeglichen werden muss.

Fazit: Wer über »normale« Ersparnisse verfügt (also nicht ernsthaft vermögend ist) und in Edelmetall investieren will, sollte in erster Linie Münzen und Barren kaufen und diese sicher und jederzeit zugänglich verwahren. Meine persönliche Empfehlung liegt bei einem Goldanteil von 90 Prozent mit einer zehnprozentigen Silber-Beimischung, jeweils bezogen auf den Edelmetallanteil am Gesamtvermögen. Bei beiden Metallen sind Ein-Unzen-Münzen brauchbar. Wer ein größeres Vermögen verwaltet, muss Goldbarren in Erwägung ziehen.

Zwei weitere Edelmetalle, **Platin** und **Palladium**, sind für vermögende Anleger als Ergänzung zu Gold und Silber geeignet. Bedenken muss man dabei, dass der Markt für diese Metalle deutlich weniger liquide ist, An- und Verkauf also nicht jederzeit – oder nicht zu guten Konditionen – möglich ist. Die Umsatzsteuer, die beim Kauf berechnet wird, liegt bei extrem unappetitlichen 19 Prozent. **Kupfer** wiederum ist ein Industriemetall und für die meisten kein geeignetes Instrument der Vermögensanlage. Im Herbst 2012 gab es für ungefähr 600 Euro zwei Zentner Kupfer, was für die meisten Sparer ein nicht alltagstaugliches Investment darstellen dürfte.

Edelsteine können praktisch sein – und natürlich ausgesprochen schön und beglückend. Sie haben jedoch einen beträchtlichen Nachteil: Sie sind, anders als Edelmetall, keine fungible (so der Fachausdruck) Anlageform. Während beispielsweise ein Krügerrand so gut ist wie der andere, sofern beide echt sind, sind Edelsteine immer Einzelstücke. Daher ist beträchtliche Expertise oder ein Händler des Vertrauens entscheidend, was für die meisten Verbraucher ein in der Praxis schwieriges Unterfangen darstellt. Die Differenz zwischen An- und Verkaufspreis kann außerdem enorm sein; die Handelsspannen sind groß. Wer Edelsteine in der Not verkaufen muss, macht in der Regel hohe Verluste. Nur diejenigen sollten meiner Meinung nach Juwelen kaufen, die sie mehrere Jahrzehnte halten und dabei gelassen bleiben können. Insofern kommen sie nur für wenige infrage, und unter diesen wenigen nur für diejenigen, die über ein beträchtliches Vermögen verfügen. (Schmuck, dies am Rande, ist als reine Kapitalanlage in der Regel unbrauchbar, da für Design, Verarbeitung, Marke und so weiter ein hoher Aufpreis gezahlt und Umsatzsteuer fällig wird. Für Anlagezwecke zählt der reine Materialwert.)

Zugleich haben Edelsteine den Vorzug, größte Kaufkraft auf kleinstem Raum zu speichern. Wer beispielsweise eine Million Euro unterbringen will, ist aktuell mit mehr als 20 Kilo Gold dabei und hat ein kleines Transportproblem. Einen Diamanten für eine Million kann man problemlos in eine Streichholz-schachtel stecken. Und sie bieten einen langfristigen, zumindest teilweisen Erhalt von Kaufkraft, den viele Anlageformen – Staatsanleihen, Lebensversicherungen, Spareinlagen – heute eben *nicht* bieten.

Auch **Kunst**, hochpreisige **Weine** oder **Oldtimer** sind Bei-spiele für »edle« Sachanlagen. Als Vermögensanlage sind sie spaßig, ausgesprochen riskant und zurzeit extrem gefragt. Wer diese Wertanlagen nutzt, sollte sich auf eine turbulente Preisent-wicklung einstellen, die allerdings, da die Preise für Einzelstü-cke oder seltene Weine nicht sekündlich an der Börse über die Ticker laufen, weniger beunruhigend sein dürfte als beispiels-weise bei der Aktienanlage. Natürlich: Wein kann man, wenn es zum Schlimmsten kommt, immer noch trinken; Oldtimer und Kunst bereiten Vergnügen, selbst wenn es *nicht* zum Schlimms-ten kommt. Ihr »Wert« entspricht indes dem Preis, den man zum Zeitpunkt des Verkaufs realisieren kann. Die Lehren, die man aus der Finanzgeschichte ziehen kann, sind recht klar: In einem Katastrophenszenario wird man Kunst, Oldtimer, kost-bare Möbel und andere hochpreisige Anschaffungen sehr billig kaufen können, nicht teuer verkaufen.

11. Aktien

>*»Die Möglichkeit einer großen Inflation bleibt bestehen,*
>*und der Investor muss sich dagegen absichern. Es gibt keine*
>*Gewissheit, dass eine Aktienkomponente angemessen vor solch*
>*einer Inflation schützen wird, aber sie dürfte besser schützen*
>*als eine Anleihenkomponente.«*
>
> – BENJAMIN GRAHAM: *THE INTELLIGENT INVESTOR*[125]

Im Zuge der Währungs- und Finanzkrisen, die Gegenstand dieses Buchs sind, werden Aktien mit großer Wahrscheinlichkeit dramatische Kursbewegungen erleben und in vielen Fällen massiv an Wert verlieren. Das ist die schlechte Nachricht.[126]

Die gute Nachricht: Am Ende dieser Phase werden sie trotz aller Aufs und Abs mit großer Wahrscheinlichkeit noch irgendeinen Wert haben. Sie werden also, ein nicht zu vernachlässigender Pluspunkt, nicht auf null gehen. (Ausgenommen sind jene Unternehmen, die im Zuge einer Wirtschaftskrise das Geschäft einstellen müssen.) Aktien als Anlageklasse werden langfristig mit großer Wahrscheinlichkeit einen nennenswerten Teil ihres Werts und der damit verbundenen realen Kaufkraft erhalten und sind deshalb für alle Sparer sinnvoll. Sie sollten neben Immobilien, Edelmetall, Rohstoffen und anderen realen Anlageformen bei der Strukturierung des eigenen Vermögens, egal ob groß oder klein, eine Rolle spielen.

Aktien bieten langfristig selbst in schwierigsten Zeiten einen *relativ* guten Werterhalt, wobei allerdings große Turbulenzen und extreme Volatilität möglich sind. Die Betonung liegt auf *relativ*. In extremen Inflationsphasen ist es beispielsweise denkbar, dass die Aktienkurse nominal in einem Jahr um 300 Prozent steigen, sich also vervierfachen. Das sieht großartig aus, und viele Aktionäre haben daher das *Gefühl,* erstens begnadete Investoren und zweitens viel reicher geworden zu sein. Wenn die Inflationsrate im selben Zeitraum aber 700 Prozent beträgt, sind sie natürlich nicht reicher, sondern ärmer geworden. Der reale Verlust an Kaufkraft, den sie verkraften müssen, liegt bei 50 Prozent – ein Desaster. Im Zuge der Hyperinflation 1923 wurden viele Opfer dieses Wahrnehmungsfehlers.

Grundsätzlich sind Aktien bei der langfristigen Vermögensplanung jedoch unverzichtbar. Die Menschen in der Bundesrepublik lehnen sie in der großen Mehrheit kategorisch ab, weil Aktien, was in der Sache richtig ist, stark im Wert schwanken können. Kursausschläge sollte man allerdings nicht mit Risiko gleichsetzen. Es geht heute um langfristigen Werterhalt, und die Dinge, deren Kurse nicht oder wenig schwanken – also viele Staatsanleihen und alle Spareinlagen –, erhalten Kaufkraft eben nicht beziehungsweise nicht mehr. Der Bundesverband Investment und Asset Management (BVI) hat in den ersten neun Monaten des Jahres 2012 beobachtet, dass die Sparer in Deutschland sich aus Aktienfonds zurückgezogen und netto Anteile im Wert von 6,5 Milliarden Euro zurückgegeben haben. Stattdessen kaufen sie Rentenfonds, die in – tja – Staatsanleihen investieren.[127] »Prozyklisches Verhalten« nennt es ein BVI-Sprecher.[128]

Dass die meisten Bundesbürger nicht viel von Aktien verstehen, verkompliziert die Angelegenheit[129], denn Aktien sind im aktuellen Krisenumfeld für den Kaufkrafterhalt von Vermögen wichtiger und sinnvoller denn je. Für viele Sparer führt kein Weg daran vorbei, sich mit dem Thema rechtzeitig zu beschäftigen und – durchaus kritisch – auseinanderzusetzen. Dafür gibt es heute zahlreiche gelungene Bücher[130], Artikel und Webseiten. Wer sich in dieses lehrreiche Abenteuer nicht selbst stürzen will, kann sich alternativ einem unabhängigen, glaub- und vertrauenswürdigen Finanzberater anvertrauen – auch gut, wenngleich gebührenpflichtig.

Ich selbst bin seit vielen Jahren kein Freund von Aktienfonds, deren professionelles Management in viele verschiedene Aktien investiert. Die Fonds kosten mitunter unverschämt hohe Gebühren – nicht nur beim Kauf (Ausgabeaufschlag), sondern bis in alle Ewigkeit (Jahresgebühr, erfolgsabhängige Gebühren) –, was die Rendite erheblich mindert. Die Mehrzahl der Fondsmanager schneidet darüber hinaus, wie viele Statistiken zeigen, schlechter ab als die Börsenindizes, mit denen sie konkurrieren.

Für diejenigen, die übersichtliche Aktienkenntnisse haben oder sich nicht in dieses wichtige Anlagesegment einarbeiten wollen, können sie aber eine brauchbare Lösung sein: Einmal gekauft, muss – und sollte – man sich nicht mehr kümmern, sofern man sich für einen gut geführten Aktienfonds entschieden hat. Leider weiß man dies erst im Rückblick. Mischfonds, die sowohl in Aktien als auch in Anleihen anlegen, sollte man auf absehbare Zeit eher meiden, da die meisten Anleihen, siehe oben, nicht zukunftsfähig sind.

Der Vollständigkeit halber muss darauf hingewiesen werden, dass in wirtschaftlich unsicheren Zeiten auch Aktienfonds massiv an Wert verlieren können. Das in sie investierte Kapital ist jedoch insofern »sicher«, als Fondsanteile, anders als Zertifikate, selbst bei Zahlungsunfähigkeit einer Fondsgesellschaft ihren Wert behalten. Sie gelten rechtlich als Sondervermögen und sind in diesem Fall geschützt. Denkbar ist, dass man Fondsanteile bei einer Pleite des Anbieters nicht jederzeit zurückgeben kann, sie also nicht mehr uneingeschränkt liquidierbar sind. Der Wert an sich bleibt allerdings erhalten.

Sparer, die erstmals in Aktien investieren oder den Aktienanteil ihres Depots aufstocken wollen, sollten ihre Aufmerksamkeit in den kommenden Jahren gezielt auf börsennotierte Unternehmen lenken, die mindestens die folgenden Kriterien erfüllen:

- Sie weisen eine **starke Bilanz** auf mit hoher Eigenkapitalquote beziehungsweise keinen oder niedrigen Schulden. In Finanzkrisen, wie ich sie in diesem Buch beschreibe, sind schuldenträchtige Unternehmen besonders gefährdet.
- Ihr **Geschäftsmodell** ist von zeitloser Schönheit und hat sich im Laufe von Jahrzehnten bewährt. Auch in absehbarer Zukunft sollten die Produkte des Unternehmens einen Markt finden können, selbst in einer wirtschaftlichen Depression.
- Sie werfen regelmäßig ungefährdete **Dividenden** in erbaulicher Höhe ab und rentieren höher als viele vermeintlich sichere Staatsanleihen, etwa Bundesanleihen. Selbst in Krisen bieten sie Anlegern also relativ verlässliches Einkommen.
- Wie stets bei der Geldanlage gilt auch hier, dass man das **Risiko streuen** und damit insgesamt senken sollte. Ein Aktiendepot sollte beispielsweise Unternehmen verschiedener Branchen, Größen, Länder und Währungsräume umfassen. Bluechips aus wachstumsstarken Schwellenländern sollten ebenso dazugehören wie deutsche Standardwerte. Anlageregionen wie Lateinamerika oder Asien sind heute in vieler Hinsicht weniger riskant als Länder des vermeintlich reichen, längst hoffnungslos überschuldeten Westens. Dieser Punkt

ist besonders wichtig: Die meisten Aktionäre in Deutschland neigen dazu, den größten Teil ihres Aktienkapitals ausschließlich in große deutsche AGs zu stecken, mit denen sie vertrauter sind als mit möglicherweise attraktiveren Exoten, also die Bayers, Daimlers und Siemense. Ihre Depots weisen daher in der Regel ein sogenanntes Klumpenrisiko auf und sind besonders anfällig, sollte Deutschland überdurchschnittlich in Mitleidenschaft gezogen werden.

Vor allem aber sollte niemand in unserem Land vergessen, dass beim Geld nichts ohne Risiko ist. Das größte Risiko geht heute derjenige ein, der überhaupt kein Risiko einzugehen glaubt – und auf deutsche oder amerikanische Staatsanleihen oder auf Sparbuch, Tagesgeldkonto sowie Termin- und Festgeld schwört. Dies ist auf absehbare Zeit die denkbar schlechteste Vermögensstrategie. Wer heute Aktien als Anlagesegment kategorisch ablehnt, weil sie zu »riskant« seien, hat etwas Großes nicht verstanden.

12. Die Finanzfolter des Staates

»Um zu genesen, musst du viel Schmerzhaftes ertragen.«
– OVID[131]

Der Bundesrepublik Deutschland geht es Anfang 2013 finanziell gut und im Vergleich mit anderen Mitgliedsländern der Euro-Zone geradezu blendend. Trotz Schuldenkrise in weiten Teilen Europas schwimmt die Regierung in Geld. Der deutsche Staat erzielte 2012 erstmals in seiner Geschichte ein Steueraufkommen von mehr als 600 Milliarden Euro. Die Zinsen, die Deutschland für seine Schulden zahlen muss, sind extrem niedrig. Die Finanzlage sieht angesichts des insgesamt hohen Schuldenniveaus nicht rosig aus, aber auch alles andere als katastrophal.

Steigt man tiefer in die finanziellen Verhältnisse unseres Staates ein, stellt man jedoch fest, dass die wahre Lage verheerend ist. Die Regierung hat im Zuge der Euro-Krise für andere Länder gebürgt und deren Schulden und »Überziehungskredite« finanziert, um kurzfristig ein politisches Fiasko – den Austritt eines Mitgliedstaats aus der Euro-Zone und ein damit verbundenes Auseinanderbrechen des über Jahrzehnte politisch gewollten und verfolgten Währungsraums – zu verhindern. Die genaue Höhe dieser von Deutschland übernommenen Verbindlichkeiten, die vor allem im Rahmen der verschiedenen temporären und permanenten »Rettungsschirme«, der drastischen Ausweitung der EZB-Bilanz sowie des sogenannten Target-Systems entstehen, ist heute kaum noch seriös zu beziffern. Sie ist indes, dies steht fest, sehr hoch, womit ich meine: Die Bundesrepublik haftet über die aktuellen Schulden hinaus irgendwo im Billionenbereich, also mit mehr als 1000 Milliarden. Dies ist selbstverständlich eine Zahl, die man sich nicht vorstellen kann und die daher bei vielen – auch bei mir – resigniertes Achselzucken auslöst.

Allein die Target-Salden, die innerhalb des europaweiten Notenbanken-Clearingsystems bei der Bundesbank aufgelaufen sind, lagen für Deutschland Ende 2012 bei rund 650 Milliarden Euro[132]. Knapp sechs Jahre zuvor, also vor Beginn der ersten Krisenphase im Sommer 2007, hatte der Saldo noch im niedrig zweistelligen Milliardenbereich gelegen. De facto finanziert die Bundesbank, für die der Staat – also der Steuerzahler – einsteht, die nationalen Notenbanken anderer Eurozonenländer, und zwar im Prinzip in unbegrenzter Höhe.[133] Diese finanziellen Verpflichtungen Deutschlands werden von vielen Wirtschaftswissenschaftlern immer wieder aufgezeigt, von der Mehrzahl der Politiker jedoch ignoriert und oftmals nicht verstanden. Der Zahltag wird kommen, entweder, wie im dritten Kapitel dieses Buchs aufgezeigt, im Zuge eines deflationären Kollapses des Finanz- und Wirtschaftssystems oder im Zuge einer inflationären Phase. Ob nun Pest oder Cholera: Der deutsche Staat wird seinen Bürgern früher oder später Unschönes zumuten und zumuten müssen. Zwar haben Politiker in unserem Land den Wählern immer wieder erzählt, dass die deutschen Steuerzahler für finanziell hoffnungslose Fälle wie die griechischen Staatsfinanzen nicht einstehen und nicht zahlen werden. Aus diesem kategorischen Nein wurde allerdings schnell ein konditionales Ja, das sich im Herbst 2012, als die EZB einen im Prinzip grenzenlosen Aufkauf von Staatsanleihen maroder Länder der Euro-Zone in die Tat umsetzte, in ein kategorischen Ja wandelte.

In der Konsequenz bedeutet dies, dass deutsche Sparer, die in ihrem Land über eine funktionierende Verwaltung und damit über ein effizientes System der Abgabenerhebung verfügen, für die Bürger anderer Länder zahlen, die es in ihrem Land eben nicht haben, auch deshalb pleite sind und zu einem größeren Teil ihr eigenes Vermögen längst ins Ausland und in Sicherheit geschafft haben. In finanzieller Not wird der Weg des geringsten Widerstands gegangen: Man muss Geld holen, wo es zu holen ist.

Im Visier von Politik und Gesellschaft steht dabei eine gesellschaftliche Minderheit, die Gruppe der »Reichen«, die trotz ihres relativen Wohlstands bei Wahlen auch nur eine Stimme pro Kopf haben. Sie können in einer Demokratie von den finanziell weniger gut Gestellten mühelos überstimmt werden. Wer »reich« ist oder als solcher wahrgenommen wird, hat an dieser Stelle der Historie schlicht etwas Pech. Frankreich hat unter seinem sozialistischen Präsidenten François Hollande bereits einen Einkommensteuersatz von in der Spitze 75 Prozent eingeführt. Viele vermögende Franzosen sitzen auf gepackten Koffern.

Im Kern geht es stets um die anteilige Enteignung Bessergestellter (der Minderheit) zugunsten der anderen (der Mehrheit). Insofern ist es wahrscheinlich, dass wir in Europa und Deutschland eine »Tyrannei der Mehrheit« im Sinne von John Adams und Alexis de Tocqueville erleben werden.[134] Denn Abgaben, die von einer beneideten Minderheit bezahlt werden sollen, werden von der Mehrheit in der Regel durchgewinkt. Sie sind für demokratisch gewählte Regierungen der Weg des geringsten Widerstands. »Jedes System, das es Nettoschuldnern (normalerweise die Mehrheit) erlaubt, Nettogläubiger (gewöhnlich die Minderheit) zu überstimmen, hat potenzielle Schwächen«, urteilt Coggan über diese Dynamik.[135] In der Folge werden Eigentumsrechte, einer der Grundpfeiler des westlichen Demokratie- und Rechtsverständnisses, nicht mehr zwangsläufig respektiert werden.

Es ist eine Frage der Zeit, bis die Politik, im Auftun neuer Finanzierungsquellen mit Kreativität gesegnet, eine Umverteilung von Vermögenswerten per Gesetz in die Wege leitet. Das gab es in der deutschen Geschichte mehrmals. Nach den verheerenden

Zerstörungen im Zweiten Weltkrieg nannte man es »Lastenausgleich«. Heute, nach einer verheerenden Fehlfunktion von Finanzsystem und europäischem Währungsraum, könnte man es populistisch »Gesetz zur Wiederherstellung der sozialen Gerechtigkeit«, »Fairnessbeitrag«, »sozialen Patriotismus«[136] oder »Stabilisierungspakt« nennen. Eine Gruppe aus Gewerkschaften, Sozialverbänden und anderen Organisationen, darunter die globalisierungskritische Attac, hat sich »Bündnis Umfairteilen – Reichtum besteuern« getauft.

Obgleich es der Bundesrepublik zurzeit finanziell auf den ersten Blick gut geht, nutzen Parteien und andere Gruppierungen die Gunst der Stunde: Sie machen den Weg frei für eine materielle Umverteilung großen Stils. Dies gilt – die folgende Liste erhebt keinen Anspruch auf Vollständigkeit – für die SPD und die Grünen, für die Linke, für Gewerkschaften, Globalisierungsgegner und viele Sozialverbände. Sie werden von der Mehrheit der Wähler bestätigt, die sich in Umfragen in der Regel dafür ausspricht, Reichensteuern, Vermögensabgaben oder Erbschaftssteuern zu erhöhen.[137] Dies ist nicht überraschend; bezahlen müssen schließlich andere: die Minderheit. Zwar wurde die Vermögenssteuer in den 1990er-Jahren in Deutschland für verfassungswidrig erklärt und ausgesetzt. Als Reizbegriff eignet sie sich jedoch noch immer zur Polarisierung und Mobilisierung potenzieller Wähler.

Bundeskanzlerin Angela Merkel hat unterdessen öffentlich erklärt, dass man zwar Vermögende belasten könne, sie aber nicht vergraulen solle – denn dann stünden sie dem deutschen Staat nicht mehr als Finanzierungsquelle zur Verfügung. Man müsse aufpassen, »dass die Reichen nicht alle woanders hingehen, sondern dass noch ein paar Reiche bei uns leben«. In einer

Gesellschaft müsse es Solidarität geben, aber nicht so viel, dass derjenige, der eine gute Idee habe und sich anstrenge, überall auf der Welt mehr damit verdiene als in Deutschland.[138]

Das, was ich die »Finanzfolter« des Staates nennen möchte, trifft jedoch, wie dieser Abschnitt argumentiert, keineswegs nur die »armen« Reichen, sondern alle Verbraucher und Sparer – selbst diejenigen wie Rentner und Hartz-IV-Empfänger, die nichts oder wenig haben oder zu haben glauben. Alle Bürger in Deutschland tun gut daran, sich über die Instrumente der Finanzfolter zu informieren, sich vorzubereiten und angemessen – im Sinne einer Erhaltung von Vermögen und Kaufkraft – zu reagieren. Sie sollten sich auf einen Maßnahmenkatalog des Staates einstellen, der mutmaßlich von den meisten Parteien in Deutschland gutgeheißen und im Jargon der Wirtschaftswissenschaftler finanzielle Repression genannt wird, also finanzielle Unterdrückung[139]. Für Jörg Krämer, zurzeit Chefvolkswirt der Commerzbank, ist »die finanzielle Repression […] der wichtigste Anlagetrend der kommenden 20 Jahre«[140].

Die Instrumente, die ein Staat im metaphorischen Folterkeller für Krisen bereithält, bergen große Überzeugungskraft. Den meisten Bürgern ist dies nicht einmal im Ansatz klar. Sie halten es für ausgeschlossen, dass es den angeblichen »Folterkeller« überhaupt gibt – schließlich kann sich niemand erinnern, ihn jemals besichtigt zu haben, und Augenzeugenberichte liest kaum jemand. Die alten Gruselgeschichten aus den Jahren nach den Weltkriegen, von denen man gelegentlich hört, gelten als Opapas und Uromas wilde Legenden.

Doch um die im Laufe von vier Jahrzehnten aufgebaute Schuldenmisere in den Griff zu bekommen, werden fast alle betroffenen Regierungen – auch die deutsche – mit großer Wahrscheinlichkeit viele der folgenden Finanzkniffe anwenden, um an die Vermögen der Bürger zu kommen und den Staat auf diesem Wege mit der Zeit zu entschulden. Stets gilt dabei das Prinzip: Und bist du nicht willig, Bürger, gebrauche ich »Gewalt« – also die Kraft des Gesetzes.

Eines dieser Folterinstrumente ist keineswegs Zukunftsmusik, sondern längst Wirklichkeit:

Negative Realzinsen führen zu einer schleichenden Enteignung der Sparer. Zurzeit liegen die Zinsen, die auf Spurguthaben, Terminkonten und ähnliche, vermeintlich sichere Anlagen gezahlt werden, im historischen Vergleich außerordentlich niedrig, oft deutlich unter einem Prozent. Zugleich liegt die Inflationsrate in Deutschland bei etwa zwei Prozent, in der gesamten Euro-Zone sogar bei 2,5 Prozent. In Deutschland ist der reale Zins (Nominalzins minus Inflation) damit negativ. Wer derart »sicher« anlegt, verliert stetig Kaufkraft.

Das bekannte Gleichnis vom Frosch im Kochtopf ist hier hilfreich. Wirft man einen Frosch in einen Topf mit unangenehm warmem oder heißem Wasser, hüpft das Tier heraus und versucht sinnvollerweise, sich in Sicherheit zu bringen. Setzt man das Tier dagegen in kühleres Wasser, das man langsam erhitzt, schwimmt er weiter, bis er gekocht ist.

Der Effekt, den negative Realzinsen auf Sparer haben, ist ähnlich. So wie der Frosch nicht auf eine allmähliche Erhöhung der Wassertemperatur reagiert, finden Sparer negative Realzinsen nicht unangenehm genug, um – um im Bild zu bleiben – »aus dem Topf zu springen«. Am Ende sind die Ersparnisse gekocht, also weg. (Sie sind nominal noch da, haben aber keine Kaufkraft mehr.)

Der Journalist Wolfram Weimer, der unter anderem als Kolumnist für das *Handelsblatt* unterwegs ist, hat dies gelungen formuliert: »Bei einem Geldvermögen der Deutschen von 4,7 Billionen Euro bedeutet das Prozent [zwischen Nominalzins und Inflation] 47 Milliarden Euro Verlust – mitsamt der Kapitalertragssteuern steigt die Summe auf 60 Milliarden Euro im Jahr. Das ist bereits jetzt fünfmal so viel, wie die geplante Vermögenssteuer der SPD im besten Falle einbringen könnte. Während Sigmar Gabriel also mit dem roten Sandkastenschippchen Spargeld herbeikratzen will, ist die EZB in Frankfurt längst mit dem Schaufelradbagger in den Sparvermögen der Deutschen unterwegs.«[141]

Negative Realzinsen treffen grundsätzlich zwar alle Bürger, die ihr Geld in niedrig verzinste Anlageformen stecken, die sie irrtümlich für sicher halten. Erfahrungsgemäß sind vermögendere Menschen jedoch besser informiert und bei ihren Anlageentscheidungen wendiger – sie sind gewissermaßen Frösche, die sensibler und schneller auf ihr Umfeld reagieren und früher die Flucht ergreifen. Vor diesem Hintergrund ist es wahrscheinlich, dass negative Realzinsen wohlhabendere Menschen weniger empfindlich treffen als ärmere.

Es lohnt, sich die vielen weiteren Instrumente der Finanzfolter zu vergegenwärtigen, die Staaten in ihren Kammern bereithalten. Neben negativen Realzinsen spielen die folgenden in einem inflationären Umfeld eine Rolle:

- **Kalte Progression** ist eine Begleiterscheinung progressiver Steuersysteme, die – wie bei uns – höhere Einkommen mit einem höherprozentigen Steuersatz belegen als niedrige. In einem inflationären Umfeld werden Löhne und Gehälter tendenziell ebenfalls nach oben angepasst, nicht zuletzt, weil Arbeitnehmer und ihre Vertreter, die Gewerkschaften, dies zum Ausgleich verlorener Kaufkraft fordern. Werden die Eckwerte der Steuertabellen nicht ebenfalls angepasst, können Arbeitnehmer so in höhere Steuerklassen rutschen. Selbst ein Durchschnittsverdiener kann sich auf diesem Weg prompt in einer unangenehm hohen Einkommensteuerklasse wiederfinden, sogar in der höchsten.

- Regierungen sind selbstverständlich nicht glücklich angesichts hoher, in der Öffentlichkeit diskutierter und kritisierter Inflationsraten. Eine einfache – und schlicht durchtriebene – »Lösung« liegt darin, die Art und Weise der **Berechnung der Inflation** zu ändern, um den Bürgern eine heilere Welt vorzutäuschen. So etwas *könne* es doch nicht geben, denken viele – eine Art Fälschung der Preisstatistiken?

Dieses Vorgehen ist in der Tat dubios, verlogen und bösartig. Dennoch gibt es Staaten, die in einer Krise exakt diesen Weg gehen. Ein kurzweiliges Beispiel lieferte jüngst Argentinien, wo die Regierung von Präsidentin Cristina Fernández de Kirchner eine offizielle Inflationsrate propagiert, die deutlich unter der realistischen Rate liegt. Offiziell steigen die Verbraucherpreise in dem südamerikanischen Land zurzeit um annualisiert etwa zehn Prozent; die echte Preissteigerungsrate dürfte mehr als doppelt so hoch liegen.

Der Big Mac, ein Hamburger des Fastfood-Anbieters McDonald's, spielt dabei eine deftige Rolle. Die Regierung in Buenos Aires war irritiert, dass der weltweit erhobene Big-Mac-Index des britischen Wochenmagazins *The Economist* Argentinien schlecht dastehen ließ. Dieser Index untersucht für ein weltweit in vergleichbarer Qualität erhältliches Produkt, den Big Mac, regelmäßig die in verschiedenen Ländern geltenden Preise und zieht daraus Rückschlüsse auf die Kaufkraft sowie auf die Über- oder Unterbewertung von Währungen. (Der Umstand, dass ausgerechnet Bulettenpreise Ungleichgewichte im internationalen Finanzsystem anzeigen sollen, mag für manchen gewöhnungsbedürftig erscheinen. Der Big-Mac-Index des *Economist* ist jedoch seit vielen Jahren einer der bewährten, weltweit beachteten und im Großen und Ganzen treffsicheren Indikatoren.) In Argentinien beobachteten die Journalisten anhand dieses Indexes einen deutlich markanteren Wertverfall der Landeswährung Peso als jenen, den die Behörden angaben. Die Regierung hatte eine originelle Lösung: Sie legte McDonald's nahe, den Big Mac in Argentinien zu einem niedrigeren Preis zu verkaufen. Er war danach im Vergleich mit anderen McDonald's-Angeboten ungewöhnlich günstig und kostete erheblich weniger als ein ähnliches Produkt des Rivalen Burger King, der Whopper, für den es indes keinen international beachteten »Whopper-Index« gibt. Allerdings nur vorübergehend: Der Trick flog auf. Anfang 2013 versuchte die Regierung, die Inflation unter Kontrolle zu halten, indem sie Supermärkten in Argentinien verbot, die Preise zu erhöhen.

Generell sollte man die Kreativität von Politikern und den von ihnen kontrollierten Behörden nicht unterschätzen, wenn es um die Aufhübschung unerwünscht hoher Inflationsraten geht.

• Eine andere Form finanzieller Benachteiligung in einem inflationären Umfeld, die sich die meisten Verbraucher nicht bewusst machen, geht nicht auf staatliche Einflussnahme zurück, sondern auf Unternehmenspolitik – dann nämlich, wenn es fürs gleiche Geld weniger Ware gibt. Ein 500-Gramm-Joghurt, der beispielsweise 1,29 Euro kostet, hat bei dieser Strategie weiterhin den gleichen Preis, die Packung wird jedoch auf 450 Gramm reduziert. Während die meisten glauben, Inflation habe stets mit steigenden Preisen zu tun (Preisinflation), kann sie sich auch anders manifestieren: mit stabilen Preisen bei fallender Warenmenge (**Wertdeflation**). Obgleich die Preise nicht steigen, schwindet die Kaufkraft der Währung.

Die genannten Aspekte, die vor allem im Zuge einer anziehenden Inflation auftreten, sind für Haushalte und Sparer natürlich alles andere als erfreulich. Darüber hinaus gibt es eine Reihe von krisenbedingten Folterinstrumenten, die in keinem direkten Zusammenhang mit steigenden Preisen stehen, aber dennoch hässlich und schmerzhaft sind.

- Will ein Staat, der wie Deutschland über ein umfangreiches und kostenträchtiges soziales Netz verfügt, sparen, bietet sich ein **Rückbau der Sozialsysteme** an – nicht weil dies bei Wählern populär wäre, sondern weil es hier stets um hohe Beträge im Milliardenbereich geht, man also an größeren Schrauben drehen kann. Eine Anhebung des Renteneinstiegsalters auf 70 oder mehr Jahre dürfte mittelfristig auf die Tagesordnung der Politik kommen. Ich persönlich habe – als Betroffener, versteht sich – dafür sogar eine gewisse Sympathie. Wir kehren damit lediglich in die Anfangszeit der Sozialversicherung zurück: Als die gesetzliche Rentenversicherung 1891 in Deutschland eingeführt wurde, lag das Renteneintrittsalter bei 70 Jahren, die Lebenserwartung im Schnitt unter 50 Jahren.[142] Die Lebenserwartung heute Geborener liegt etwa bei 83 Jahren (Mädchen) beziehungsweise 78 Jahren (Jungen).

- Ein aus Sicht des Staates besonders interessanter Ansatz ist die Besteuerung von Realvermögen, zum Beispiel von Immobilieneigentum. Häuser, Wohnungen und Gewerbeimmobilien sind, der Name impliziert es, »immobil«, unbeweglich. Es handelt sich um Vermögenswerte, die, anders als liquide Mittel, nicht weglaufen können. Das macht sie für Regierungen zu einer geradezu idealen und verlockenden Steuerbasis. Jederzeit möglich ist eine **Anhebung der Grundsteuer**, die regelmäßig für Immobilienbesitz anfällt, oder der von vielen Städten und Gemeinden erhobenen **Zweitwohnungssteuer**. (Die Grunderwerbsteuer, von der Mehrzahl der Bundesländer in den vergangenen Jahren deutlich heraufgesetzt, ist einmalig bei Kauf einer Immobilie zu zahlen.) Dies wäre jedoch in der größeren Ordnung der Dinge ein vergleichsweise erträgliches Folterinstrument. Erheblich unschöner wären für Eigentümer von Immobilien **Zwangshypotheken**, wie sie zum Beispiel im Zuge der Währungsreform 1948 eingesetzt wurden. Damals wurde Immobilieneigentümern in der Bundesrepublik zwangsweise eine Hypothek (also eine im Grundbuch eingetragene Schuldenlast) zugewiesen, die sie zu bezahlen hatten – sie sollten nicht Profiteure der Währungsreform sein. Die Folgen sind in zweifacher Hinsicht unangenehm: Erstens muss die Zwangshypothek abgelöst werden und stellt insofern eine Steuer auf Immobilienvermögen dar. Zweitens lässt eine landesweit eingeführte Zwangshypothek das Interesse der Menschen am Kauf von Immobilien – und insbesondere von Mietimmobilien – sinken. In der Folge fällt der Wert von Immobilienanlagen. Dass das **Einfrieren von Mieten** oder die Beschränkung von Mieterhöhungen per Gesetz oft eine der einfachsten und ersten Maßnahmen ist, die Regierungen zur Eindämmung inflationärer Tendenzen und steigender Lebenshaltungskosten in die Wege leiten, kommt hinzu. In der Summe lassen diese denkbaren Maßnahmen den aktuellen Immobilienboom in Deutschland in einem anderen, zweifelhaften Licht erscheinen. Wer sein Vermögen heute zu retten versucht, indem er ausschließlich Immobilien kauft, könnte sich im Zuge einer Krise rasch in einer unglücklichen Situation wiederfinden.

- **Zwangsanleihen** stellen einen weiteren massiven Eingriff in die Eigentumsrechte dar. Sie sind stets dann beliebt, wenn eine Regierung sich mit keinem anderen Mittel zu helfen weiß. Das kam und kommt immer wieder vor, angefangen mit Venedig 1207. (Mir fällt kein älteres Beispiel ein.) Auch Deutschland setzte 1923, im Jahr der Hyperinflation, auf dieses Instrument und zog alle Bürger, die über ein Vermögen von mehr als 100 000 Mark verfügten und vermögenssteuerpflichtig waren, heran. 1925, versprach der Staat, würde die Rückzahlung der Zwangsanleihe beginnen. Nachdem die Hyperinflation 1923 die Anleihen entwertet hatte, verloren die in die Zwangsanleihe getriebenen Bürger ihr Kapital. Sie wurden also enteignet.

Bemerkenswert ist an dieser Stelle, dass das Deutsche Institut für Wirtschaftsforschung, in erheblichem Umfang mit

Steuergeld finanziert, bereits eine Zwangsanleihe vorgeschlagen hat[143], und zwar nicht für Griechenland, sondern für die Bundesrepublik. Auch hier ist die Idee, dass die Bürger einen Teil ihres (wie immer definierten) »Vermögens«, egal ob liquide oder nicht, zwangsweise dem Staat leihen müssen. Der Staat zahlt ihnen Zinsen, die niedriger als die Marktzinsen und weit unterhalb der Inflation liegen. Die Verzinsung ist also negativ; eine kalte Enteignung. Und wie stets gilt: Sollte der Staat zahlungsunfähig werden, wird aus der Zwangsanleihe zwangsweise eine Zwangsabgabe.

• Auch die **Regulierung von Großinvestoren**, oft unter dem Mantel der Sicherheitsvorgaukelung, ist ein opportunes Instrument der finanziellen Repression. Zu dieser Gruppe zählen beispielsweise Banken, Versicherungen und Pensionsfonds – was für viele Verbraucher sinnvoll klingt, weil sie glauben, dass sie das nichts anginge. Ein verhängnisvoller Irrtum.

Im Kern geht es darum, die Auflagen für institutionelle Investoren so zu gestalten, dass sie vor allem niedrig rentierende Staatsanleihen bei gleichzeitig hoher Inflation halten müssen. Investiert ein Großinvestor sinnvollerweise in Aktien oder Unternehmensanleihen, kann man ihn zum Beispiel verpflichten, deutlich mehr Eigenkapital als Sicherheit zu hinterlegen, als beim Kauf von Staatsanleihen erforderlich ist. Da Eigenkapital knapp und kostbar ist, zwingt dies den Investor zum Kauf von Staatsanleihen. Er wird also gesetzlich dazu gedrängt, in großem Stil Investments einzugehen, die Staat und Zentralbank durch ihre Maßnahmen mit einer minimalen oder sogar negativen Realverzinsung versehen. Auch dies ist eine versteckte Form der Enteignung der Sparer. Die schleichend Jahr für Jahr anfallenden Verluste (oder niedrigeren Gewinne) müssen all jene tragen, die beispielsweise Kapitallebensversicherungen, private Rentenversicherungen, Riester- und Rürup-Renten oder Sparverträge im Rahmen der betrieblichen Altersversorgung nutzen – also die »kleinen Leute«.

- Die **Wiedereinführung von Kapital- und Devisenkontrollen** klingt nach einem Relikt aus einer längst vergangenen Zeit, sie kommt jedoch auch heute immer wieder bei Bedarf zum Einsatz. Brasilien zum Beispiel erhob jüngst Steuern auf Kapital, das ins boomende Land strömte, um eine weitere Aufwertung des Real zu vermeiden, die die internationale Wettbewerbsfähigkeit des Landes gefährdete. Brasilien, ein in vieler Hinsicht erfolgreiches Schwellenland, erstickte gewissermaßen an seinem eigenen wirtschaftlichen Erfolg und konnte sich vor Kapital aus dem Ausland nicht retten. Ein Instrument, das diesen Zufluss zu kontrollieren versprach, erschien sinnvoll.

Anders gelagert ist der Fall, wenn Kapital *abwandern* will – etwa wenn Bürger das Vertrauen in ihr Geld verlieren. In diesem Umfeld neigen sie dazu, liquide Vermögenswerte außer Landes zu schaffen. Millionen Griechen, Spanier, Italiener und Bürger anderer finanziell angeschlagener Staaten der Euro-Zone tun dies seit 2010 konsequent; für den Einzelnen ein durchaus logischer Schritt. Es handelt sich um einen Bank Run in Zeitlupe. Um dies zu unterbinden, kann der Staat sich entscheiden, die Kapitalbewegungen zu kontrollieren, um die Währung zu stützen.

Selbstverständlich widersprechen Kapitalkontrollen dem Geist und den gesetzlichen Grundlagen der europäischen Idee. Die uneingeschränkte Mobilität von Kapital, Gütern, Dienstleistungen und Arbeitnehmern war schließlich der wichtigste Vorteil, den der europäische Wirtschaftsraum und die gemeinsame europäische Währung verhießen. Da indes viele andere Rahmenvereinbarungen – der Maastrichter Vertrag und der Stabilitäts- und Wachstumspakt seien nochmals genannt – längst Makulatur sind, dürfte wenig gegen die Einführung von Kapitalkontrollen sprechen, sobald sie einzelnen Regierungen nützlich erscheinen sollte.

- Ein letztes Instrument der Finanzfolter, das Staaten zur Verfügung steht, ist ein **Verbot des privaten Goldbesitzes**, verbunden mit einer Ablieferungspflicht an den Staat. Dies mag für viele absurd klingen; es ist jedoch, sofern eine ernste Schuldenkrise wütet, ein recht häufiger Vorgang. So stellte US-Präsident Franklin D. Roosevelt den Privatbesitz von Gold 1933 in den Vereinigten Staaten unter Strafe.[144] Wer Münzen, Barren oder andere goldbasierte Investments besaß, musste diese bis zum 1. Mai 1933 zum Festpreis von damals 20,67 Dollar je Unze bei der Notenbank oder einem mit ihr verbundenen Institut abgeben. Widerspenstige wurden mit happigen Geldstrafen (10 000 Dollar) oder Gefängnisstrafen (zehn Jahre) motiviert. Gold war von einem Tag auf den anderen zur Staatsangelegenheit geworden. Zahlreiche andere Länder haben den Privatbesitz von Gold in der Vergangenheit ebenfalls illegalisiert, darunter Frankreich (1720, 1793, 1936), Großbritannien (1966), Indien (1963), Polen (1950) und Deutschland (1923, 1930er-Jahre). Die Liste ist nicht annähernd vollständig.

Für Investoren, die heute auf Gold setzen, wäre dies ein schwerer Schlag, sofern sie sich konsequent gesetzestreu verhalten wollten: Sie müssten ihre Bestände beim Staat abliefern und würden dafür zwangsweise Papierwährung (*fiat money*) und nominale Vermögenswerte erhalten – genau jene Anlageformen, die sie mit ihrem Edelmetallengagement wahrscheinlich hatten vermeiden wollen. Wer es in dieser Situation mit der Gesetzestreue etwas liberaler hält, würde weiterhin werthaltiges Gold besitzen, das von einem Tag auf den anderen allerdings kein liquides Vermögen mehr darstellen würde, das man jederzeit legal in andere Anlageformen oder Anschaffungen umtauschen könnte. Auch das wäre für viele unbequem; in Finanzkrisen ist nichts so wichtig wie Liquidität.

Wer unser heutiges Finanz- und Bankensystem kritisch sieht und als Reaktion »alles auf Gold« setzt, könnte in dem beschriebenen Szenario finanzieller Repression also in Schwierigkeiten geraten – nicht anders als derjenige, der all sein Geld in Betongold steckt.

Ganz so extrem muss es jedoch nicht kommen. Bevor der private Goldbesitz verboten wird, könnte die Regierung kleinere Giftspritzen ansetzen, um die Flucht in Edelmetall für die Bürger unattraktiver zu machen. Geeignete Instrumente wären die **Einführung einer Umsatzsteuer auf Gold**, aktuell bereits diskutiert, und einer **Abgeltungssteuer** für Münzen und Barren.

Es versteht sich, dass viele der aufgeführten Maßnahmen der Finanzfolter marktwirtschaftlichen Prinzipien widersprechen. Das sollte jedoch niemanden zu dem Trugschluss verleiten, dass

Regierungen diese Instrumente nicht einsetzen würden. Marktwirtschaftlich geht es bei uns schon lange nicht mehr zu, wie die EZB mit ihrer Bereitschaft, dubiose Staatsanleihen in unbegrenztem Umfang anzukaufen, eindrucksvoll belegt hat. Die beschriebene finanzielle Repression der Bürger durch den Staat würde eine Umverteilung von Vermögen nach sich ziehen, die weit über das hinausgeht, was wir uns heute vorstellen können.

Es gibt erfreulicherweise einen recht einfachen Weg, dieser Finanzfolter zu entgehen: Man wandert aus. Für die meisten ist das aus vielen Gründen weder praktikabel noch wünschenswert. Selbst Auswandern – oder die Exilierung der Ersparnisse – würde möglicherweise aber nichts bringen, wie Jürgen Trittin, Fraktionschef der Grünen im Bundestag und einer der Spitzenkandidaten seiner Partei im Wahlkampf 2013, vorsorglich schon einmal mit Blick auf die von den Grünen favorisierte Vermögensabgabe klargestellt hat: »Die werden alle hierbleiben. Wir werden den Stichtag für die Steuer nämlich rückwirkend festlegen.«[145]

13. Die To-do-Liste

Wenn Geld stirbt, sind die Konsequenzen dramatisch. Alle, die diese Möglichkeit angesichts der Finanz- und Schuldenkrise ignorieren oder leugnen, laufen Gefahr, einen beträchtlichen Teil ihres Vermögens zu verlieren.

Wer die folgenden Anregungen überdenkt und in seine persönliche Finanzplanung einbezieht, ist keineswegs vor Verlusten geschützt; die kommenden Jahre werden für uns alle turbulent werden – wirtschaftlich, finanziell, gesellschaftlich, politisch. Er wird jedoch, so hoffe ich, langfristig besser dastehen als diejenigen, die stur den Finanzregeln der Vergangenheit folgen. Viele dieser über Generationen bewährten Regeln haben heute keine Gültigkeit mehr. Das ist unerquicklich und schade, aber nicht zu ändern.

- Verschließen Sie nicht die Augen vor der Realität. Die Folgen der Finanzkrise werden für uns alle drastisch und für die meisten schmerzhaft sein. Handeln Sie. Wer sich nicht oder zu spät vorbereitet, wird einen höheren Preis bezahlen.
- Glauben Sie Politikern vorsichtshalber kein Wort. Wahrhaftigkeit ist in der Regel erstes Opfer einer Krise. Hören Sie Regierungsvertretern zu und ziehen Sie stets in Erwägung, dass das genaue Gegenteil dessen, was öffentlich gesagt wird, der Wahrheit ziemlich nahe kommen könnte.
- Stellen Sie für Ihren Haushalt einen pragmatischen Notfallplan auf und bereiten Sie sich umsichtig und unhysterisch auf eine Phase vor, in der die Grundversorgung nicht mehr durchgehend gesichert sein könnte. Wie leben Sie, wenn der Zugang zu Lebensmitteln, Trinkwasser, medizinischer Versorgung, Benzin oder Strom vorübergehend unterbrochen ist?
- Wer über ausreichend Bargeld verfügt, kann dies im Krisenfall als Puffer nutzen. Bewahren Sie Bargeld sicher und jederzeit zugänglich auf.
- Machen Sie sich mit dem alles entscheidenden Unterschied zwischen nominalen Anlagen und realen Werten vertraut. Schichten Sie systematisch von nominalen in reale Vermögensformen um. Streuen Sie Ihr Anlagerisiko konsequent.

- Rechnen Sie, was die Kaufkraft Ihrer erwarteten gesetzlichen Rente angeht, mit dem Schlimmsten. Ziehen Sie einen Totalausfall in Ihre Überlegungen ein. Die Rente vom Staat ist heute unsicherer als je zuvor.

- Trennen Sie sich von Anleihen finanziell unsolider Staaten. Sowohl deutsche als auch amerikanische Staatsanleihen sind auf absehbare Zeit tabu. Vermeiden Sie Zertifikate und Derivate.

- Schließen Sie keine Kapitallebensversicherung und keine private Rentenversicherung neu ab. Ziehen Sie in Erwägung, sich von bestehenden Versicherungen zu trennen. Dies erfordert ein umsichtiges Abwägen aller Vor- und Nachteile. Eine Beratung durch einen unabhängigen Experten ist dafür sinnvoll.

- Eine selbst genutzte Immobilie ist für die meisten ein kluger Vermögensbaustein und bietet relativ guten Schutz in einer finanzsystemischen Krise – allerdings nur, wenn man zu einem vernünftigen Preis kauft. Es ist riskant, sein gesamtes Geld in vermeintlich sicheres »Betongold« zu stecken. Besser ist eine umsichtige Streuung auf verschiedene Anlageklassen.

- Jeder Haushalt, der über Ersparnisse verfügt, sollte einen Teil davon in Goldmünzen oder -barren anlegen und diese sicher und jederzeit zugänglich verwahren. Dabei geht es nicht um Wertsteigerung, sondern um Kaufkrafterhalt. Wer all sein Geld in Gold steckt, geht ein großes Risiko ein.

- Aktien sind auf absehbare Zeit sinnvoll, sowohl im Hinblick auf langfristigen Werterhalt als auch auf Wertsteigerung. Niemand sollte sich durch kurzfristige Kursschwankungen an den Börsen nervös machen lassen; Spar- und Termineinlagen schwanken zwar nicht im Wert, erzielen aber auf absehbare Zeit garantiert eine negative Realrendite.

- Bereiten Sie sich frühzeitig und konsequent auf eine finanzielle Repression durch den Staat vor.

- Genießen Sie, wenn Sie all diese Punkte kritisch geprüft und gegebenenfalls für sich persönlich in die Tat umgesetzt haben, das Leben. »Es gibt gewiss immer etwas Gemütlichkeit«, schrieb die dänische Schriftstellerin Karen Blixen, »sowohl in einer Zeit der Plagen als auch unter Leuten, die am nächsten Tag zur Guillotine gehen.«[146] Eine unerbauliche, aber doch zuversichtlich-pragmatische Einstellung.

V. Wenn Geld aufersteht

»Der Wille zur Kontinuität des Lebens erwies sich als stärker
als die Labilität des Geldes.«
– STEFAN ZWEIG: *DIE WELT VON GESTERN*[147]

Dieses Buch beschreibt die aktuelle Finanzkrise und die in ihrem Zuge von Regierungen und Notenbanken eingeleiteten Scheinlösungen als Ausgangspunkt einer uns in Deutschland noch bevorstehenden Katastrophe. Sie macht nicht nur den Fortbestand der Euro-Zone in ihrer jetzigen Form unmöglich, sondern sie gefährdet den inneren Wert unserer Währung und damit in letzter Konsequenz deren Glaubwürdigkeit und Vertrauenswürdigkeit. Das ist eine grausige Perspektive, aber keineswegs gleichbedeutend mit dem Weltuntergang.

Was eine Gesellschaft durchzustehen vermag, sieht man an unserer eigenen Geschichte. In nur einem Jahrhundert erlebte Deutschland den Ersten Weltkrieg; die völlige Geldentwertung 1923; die Weltwirtschaftskrise der 1930er-Jahre; Aufstieg, Wüten und Fall der Nazis vor und im Zweiten Weltkrieg; die weitgehende Zerstörung und Teilung des Landes; den relativen Niedergang der östlichen Landeshälfte unter einer sozialistischen Regierung; den wirtschaftlichen Schock der Wiedervereinigung in den Jahren nach dem Fall der Mauer. Das ist für ein einzelnes Land eine Menge. Obgleich Deutschland auch heute viele Probleme hat, geht es uns wirtschaftlich im internationalen

Vergleich weiterhin relativ gut, sogar sehr gut. Im Rückblick auf das vergangene Jahrhundert ist das keine Selbstverständlichkeit.

Die Folgen des Finanzfiaskos, das sich seit dem Ende des Bretton-Woods-Systems Anfang der 1970er-Jahre anbahnte und 2007 in die akute, noch längst nicht abgeschlossene Phase eintrat, werden dennoch gravierend sein. So gravierend, dass jeder Haushalt, jedes Unternehmen und jeder politisch Verantwortliche in der Bundesrepublik sich Gedanken machen und angemessene Vorbereitungen treffen muss.

Prognosen sind bekanntlich ein tückisches Unterfangen, vor allem wenn sie die Zukunft betreffen. Es wäre aber verfehlt, aus dieser zynischen Maxime den Schluss zu ziehen, dass man sich, da man falschliegen und sich blamieren könnte, überhaupt nicht mit möglichen künftigen Entwicklungen beschäftigen sollte. Im Gegenteil: In Phasen des Umbruchs, in denen im Laufe von Generationen bewährte politische, wirtschaftliche und gesellschaftliche Grundpfeiler ins Wanken geraten, ist Nachdenken über das, was sein könnte, eine dringend notwendige Übung. Die Jahre seit 2007 markieren eine solche Phase: den Anfang vom Ende einer Ära und den Beginn einer neuen, deren Parameter bislang nur schemenhaft zu erkennen sind.

Einige dieser Parameter möchte ich im Folgenden präsentieren. Die zehn Thesen sind nicht als Vorhersagen in dem Sinne zu verstehen, dass sie unausweichlich oder auch nur wahrscheinlich seien, sondern als provokante Leitmotive für die kommenden Jahre, mit denen eine kritische Auseinandersetzung schon heute lohnt und die man als Orientierungshilfe bei Finanzentscheidungen im Hinterkopf behalten sollte.

1. Die Finanzkrise beschleunigt die Verlagerung der wirtschaftlichen und politischen Macht vom vermeintlich reichen, ärmer werdenden Westen in vermeintlich arme, wirtschaftlich aufsteigende Schwellenländer. Dies markiert einen Umbau der Weltordnung, den man historisch nennen muss. Mehrere Jahrhunderte hindurch dominierten westliche Nationen wirtschaftlich, politisch und kulturell, im 20. Jahrhundert angeführt von den USA, in den Jahrhunderten zuvor von Großbritannien, Frankreich, Spanien, Holland, Portugal und anderen Staaten oder Reichen. Ihre wirtschaftliche Dominanz zeigte sich in internationalen Verflechtungen und einem Ausweiten des Einflusses auf Gebiete in anderen Erdteilen, die als Kolonien oder als abhängige Territorien in Weltreichen aufgingen. Nach ihrer Entlassung in die Unabhängigkeit wurden diese Staaten lange »Dritte Welt«, »Entwicklungsländer« oder, sofern sie in den vergangenen zwei Jahrzehnten wirtschaftlich erfolgreich waren, »Schwellenländer« genannt. Stets ging es dabei um eine inhaltliche wie sprachliche Abgrenzung: die »reichen« Länder hüben, die anderen drüben.

Schwellenländer wird es auch in zehn Jahren noch geben. Die heute als »BRIC« bekannte Gruppe (Brasilien, Russland, Indien, China) wird weiter »an der Schwelle zu Reichtum« stehen. Aber es wird neue Schwellenländer geben, zum Beispiel in Europa. Sie steigen nicht *auf,* stehen also nicht an der Schwelle zum Wohlstand, sondern sie steigen *ab,* sind auf dem Weg in relative Armut.

Dies ist in der historischen Betrachtung kein neues Phänomen. Argentinien beispielsweise, vor 100 Jahren eines der reichsten Länder der Welt, ist längst aus der ersten Liga verschwunden und heute ein Middle-Income-Staat mit nach wie vor beträchtlichen politischen und wirtschaftlichen Problemen. Selbstverständlich verschwand Argentinien nicht von der Landkarte, und man kann dort heute anständig leben. Das Phänomen der Argentinisierung – also des langfristigen wirtschaftlichen Abstiegs eines zuvor sehr wohlhabenden Landes – ist heute aber in Teilen Europas absehbar, möglicherweise sogar unvermeidbar. Griechenland etwa wurde längst argentinisiert. Wer glaubt, dass das Land binnen weniger Jahre den Anschluss an die wirtschaftlich erfolgreicheren Staaten der Euro-Zone erneut finden werde, wird sich meines Erachtens irren. Warten wir es ab.

Auf globaler Ebene dürfte sich die wirtschaftliche Dynamik und, damit verbunden, die politische Macht weiter verlagern, von Europa und den USA nach China, Südasien, Lateinamerika, selbst Afrika. Politische Macht korreliert mit wirtschaftlicher Macht; wirtschaftliche Macht korreliert negativ mit Schulden; die horrenden Schuldenstände vieler europäischer Staaten, der USA und Japans sprechen eine eindeutige Sprache.

Das Vertrauen in ihre Währungen ist damit langfristig gefährdet. Selbst der US-Dollar könnte seinen seit fast 100 Jahren bewährten Status als wichtigste Leit- und Reservewährung der Welt verlieren – eine Entwicklung, die den relativen wirtschaftlichen Niedergang der USA und damit den Abstieg einer Supermacht beschleunigen könnte.

Man muss sich an dieser Stelle klarmachen, wie Amerikas Geschäftsmodell zuletzt aussah: Die USA haben jahrzehntelang (nicht anders als die Griechen) über ihre Verhältnisse gelebt, was (anders als in Griechenland) problemlos funktionierte, weil die Vereinigten Staaten über die Weltwährung Dollar verfügten. Der

166

amerikanische Investor Doug Casey hat dies pointiert formuliert: »Das wichtigste Exportgut der USA sind seit vielen Jahren Papierdollar; im Austausch schicken uns die netten Ausländer Mercedes-Autos, Sony-Elektronik, Kokain, Kaffee – und so ziemlich alles, was man bei Walmart in den Regalen sieht.«[148] Das Ausland kaufte im Gegenzug Amerikas Schulden (also Staatsanleihen), die mithilfe der Gelddruckmaschine der US-Notenbank Fed entwertet wurden und werden. Möglicherweise ist dieses Geschäftsmodell nicht ewigkeitstauglich. Die Währung, die Amerika seit Jahrzehnten exportiert, beruht auf nichts als dem Versprechen, dass der Dollar auch in Zukunft kaufkräftig bleibt. Sollte das Vertrauen in dieses Versprechen verpuffen, wären die Folgen dramatisch. Der US-Dollar ist nicht nur die globale Leitwährung, sondern de jure oder de facto Zahlungsmittel in Dutzenden Ländern und Territorien. Schon heute signalisieren viele wirtschaftlich erfolgreiche Schwellenländer eine Abkehr vom Dollar. Beispielsweise wickeln unter anderem China, Indien, Indonesien, Russland, Brasilien und Chile ihre Handelsgeschäfte inzwischen selektiv ohne den Umweg über den Dollar ab, also bilateral in den jeweiligen Währungspaaren.[149]

Eine Deflation ist in den USA insofern unwahrscheinlich, als die Fed angesichts der Lehren aus der Großen Depression in den 1930er-Jahren dies mit allen Mitteln vermeiden wird. Die Möglichkeit einer Inflation, die Amerikas Schulden nach und nach entwerten würde, besteht jedoch. Sollte sie jemals außer Kontrolle geraten, wäre dies eine der größten wirtschaftlichen Katastrophen der Neuzeit. In diesem Szenario würde der Dollar massiv abwerten, und Halter von US-Staatsanleihen in aller Welt würden enorme Verluste erleiden.

Selbst eine Staatspleite der USA ist heute nicht mehr völlig auszuschließen. Zwar kann und würde die Fed zur Begleichung der Schulden endlos frisches Geld drucken. Die chronischen Differenzen von Demokraten und Republikanern angesichts der Frage, wie der US-Staatshaushalt zu gestalten und zu sanieren sei, werfen jedoch so große Fragezeichen auf, dass Amerika bei mehreren Ratingagenturen heute nicht mehr über die Spitzenbonität verfügt.

Ist es grundsätzlich möglich, dass Amerika – jene »Supermacht«, die das 20. Jahrhundert politisch, wirtschaftlich und kulturell dominierte – pleitegehen könnte? Natürlich. Das folgende Beispiel aus dem Geschichtsbuch hinkt, ist aber aufschlussreich: Eine andere Weltmacht, Spanien, erlebte reihenweise Phasen der Zahlungsunfähigkeit: 1557, 1560, 1575, 1596, 1607, 1627 und 1647.[150] Leider gibt es eine Reihe weiterer Beispiele von supermächtigen Staatspleitiers.

Die Geschichte, um den amerikanischen Schriftsteller Mark Twain noch einmal zu zitieren, wiederholt sich nicht. Aber sie reimt sich.

2. Der Euro ist aufgrund von Konstruktionsfehlern und eines Nichteinhaltens der vereinbarten Spielregeln in seiner ersten Version gescheitert. Der Austritt einzelner finanziell schwacher Länder ist auf absehbare Zeit jederzeit möglich, angesichts der Gegenmaßnahmen der EZB und der Politik heute aber unwahrscheinlicher als vor Jahresfrist. Wahrscheinlichster Kandidat für einen Austritt ist weiterhin Griechenland.

Andererseits ist denkbar, dass nicht die schwächsten Mitglieder der Euro-Zone die Gemeinschaftswährung aufgeben, sondern die stärksten. So könnten sich beispielsweise Estland und/oder Finnland vom Euro-System verabschieden, wenn sie die damit verbundenen Kosten nicht mehr mitzutragen bereit sind.[151] Beide Länder – dies gilt auch für die Slowakei – haben in den vergangenen Jahrzehnten dramatische Wirtschaftseinbrüche erlebt und extreme Reformleistungen erbracht, um diese Krisen zu meistern. Mit einer gewissen Berechtigung können sie heute fordern, dass Griechenland und andere südliche Länder der Euro-Zone ähnlich diszipliniert vorgehen.

Selbst ein Abschied Deutschlands vom Euro ist, sofern die Bundesrepublik oder ihre Steuerzahler weitere Transfers in andere Euro-Zonen-Länder eines Tages ablehnen sollten, zumindest theoretisch möglich, wenngleich auf absehbare Zeit politisch undenkbar. Der amerikanische Investor George Soros hat Deutschland einen Austritt bereits nahegelegt, da er seiner Meinung nach die Wettbewerbsfähigkeit der peripheren Länder der Euro-Zone verbessern würde.[152]

Mit einem Schrumpfen der Euro-Zone wäre auch die Einigung Europas, seit dem Ende des Zweiten Weltkriegs ein Leitmotiv westeuropäischer Politik, gefährdet.[153]

3. Es gibt keine realistische »Bazooka«-Lösung für die Euro-Krise. »Bazooka« ist ein im Englischen und Amerikanischen gebräuchlicher Begriff für eine Art Panzerfaust, dem die deutsche »Dicke Bertha«, ein im Ersten Weltkrieg eingesetztes Geschütz, sprachlich nahekommt. Gemeint ist damit die *eine* große Aktion, die auf einen Schlag die Glaubwürdigkeit des Finanzsystems wiederherstellen und alle systemischen Probleme lösen würde. Die Bazooka wurde und wird immer wieder von Politikern verschiedener Lager gefordert.[154] Die im September 2012 erfolgte Entscheidung der EZB, in unbegrenztem Umfang Anleihen von Staaten der Euro-Zone zu kaufen und so tendenziell die Zinslast zu senken, kann durchaus als Dicke-Bertha-Aktion interpretiert werden.

Sie löst ein kurzfristiges Liquiditäts-, kein langfristiges Solvenzproblem. Die entscheidende Frage lautet, wie die EZB ihre viele Hundert Milliarden schweren Anleihenpakete jemals wieder auflösen kann. Würde die EZB, sofern die Länder der Euro-Peripherie die erforderlichen und immer wieder aufs Neue versprochenen Reformen nicht durchführen, die Ankäufe der jeweiligen Anleihen einstellen? Kaum – denn es würde genau das herbeiführen, was die EZB mit ihren Maßnahmen verhindern wollte: Panik an den Finanzmärkten gefolgt von einer systemischen Krise. Kauft sie weiterhin dubiose Anleihen, wird sie schließlich auf einem der höchsten, qualitativ zweifelhaftesten Schuldenberge der Welt sitzen, der nie wieder abgetragen werden kann. Dieses Modell der Dicken Bertha ist selbstmörderisch.

Eine andere Bazooka liegt im Bereich des Denkbaren, ist aber politisch unmöglich: Europa könnte sich auf die noch immer gültigen Verträge besinnen, die die Spielregeln der Euro-Zone festgelegt haben. Wie in den Maastricht-Verträgen formuliert, tritt kein Mitgliedstaat für die Schulden eines anderen ein; es gibt keine Bailouts; die EZB ist politisch unabhängig, ausschließlich der Geldwertstabilität verpflichtet, und sie finanziert keine Staatsverschuldung. Zugegeben: ein heute nur noch theoretisch interessanter Ansatz. Zu Recht weist Jürgen Stark, Ex-Chefvolkswirt der EZB, jedoch darauf hin, dass die Währungsunion in ihrer ursprünglichen Form nie umgesetzt worden sei. »Ist ein Konzept gescheitert, wenn es nie umgesetzt wird? Sind die Maastricht-Kriterien gescheitert, wenn sie nie eingehalten werden?«[155]

Griechenland wäre in diesem Fall sofort zahlungsunfähig und müsste die Euro-Zone vorübergehend oder für immer verlassen (nicht aber die Europäische Union). Weitere Länder könnten wenig später folgen. Die Kosten wären unkalkulierbar, und die Finanzmärkte würden in vielen Handelssegmenten erneut in den freien Fall übergehen.

Die Wahrscheinlichkeit, dass diese Lösung in die Tat umgesetzt wird, ist zuletzt gesunken. Politik und Notenbanken haben sich stattdessen darauf verständigt, die Probleme mit der Bereitstellung grenzenloser Liquidität zu lindern – eine Politik, die den Euro entwerten könnte.

4. Euro-Bonds werden bald kommen, kurzfristig für eine Beruhigung sorgen und langfristig kein Problem lösen. Mit dem Begriff »Euro-Bonds« sind im Wesentlichen – bei der möglichen Ausgestaltung gibt es verschiedene Modelle – Staatsanleihen gemeint, die die Mitgliedsländer der Euro-Zone gemeinsam ausgeben. Sie würden mit Euro-Bonds also gemeinsam Schulden aufnehmen und gemeinsam dafür haften.

Euro-Bonds würden einige Probleme der Euro-Zone kurzfristig lindern. Die Zinsen würden für die finanziell angeschlagenen Länder an der Peripherie (zum Beispiel Griechenland) deutlich fallen – schließlich tragen die finanziell noch stabilen Länder in Kerneuropa (zum Beispiel Frankreich und Deutschland) die Garantie mit, bürgen also. Im Gegenzug würden sich die Zinsen für Kerneuropa verteuern, gerade *weil* sie bei Euro-Bonds schlechte Schuldner von ihrer eigenen guten Bonität profitieren lassen. Höhere Zinsen, als unter anderen Umständen der Fall wäre, sind für Verbraucher und Unternehmen schlecht und kosten eine Volkswirtschaft wie Deutschland Jahr für Jahr Extra-Milliarden. Aber kein Wähler wird eine Regierungspartei nicht mehr wählen, weil die Zinsen mit Euro-Bonds höher liegen als ohne, und Regierungsparteien wissen dies. Insofern ist die Option der Euro-Bonds für Politiker verführerisch. Vor diesem Hintergrund können wir davon ausgehen, dass sie eher früher als später eingeführt werden.

Da sich finanziell labile Staaten mit Euro-Bonds weiterhin mithilfe anderer verschulden könnten, würden diese Anleihen die Märkte und die Gemüter für einige Zeit beruhigen – vielleicht wäre, eine grobe Schätzung, für fünf Jahre Ruhe. Insofern können sie die von Schulden verursachte Krise mit der Möglichkeit, neue Schulden zu machen, hinauszögern; lösen werden sie sie nicht. Im Kern würden die Zahlungsverpflichtungen Deutschlands sowie der anderen finanziell stabileren Länder (Estland, Finnland, Niederlande, Österreich, Luxemburg) steigen. Insofern ist der Euro-Bond, wie Thilo Sarrazin es formuliert, »die konsequenteste nur denkbare Verneinung des No-Bailout-Prinzips«[156] – also eine Ins-Gegenteil-Verkehrung dessen, was die vor 20 Jahren beschlossenen Maastricht-Verträge festhielten.

Vor dem Hintergrund, dass dank der verschiedenen »Rettungsmaßnahmen«, Kredite und zwölfstelligen Target-Salden bereits horrende Verpflichtungen bestehen, könnten Euro-Bonds auf lange Sicht die Bonität und Zahlungsfähigkeit

Deutschlands und anderer bislang solide wirtschaftender Euro-Mitglieder infrage stellen. Wer das Solvenzproblem von Ländern wie Griechenland als Liquiditätsproblem interpretiert und dies mit Transfers von Hunderten Milliarden Euro zu kaschieren versucht, hat irgendwann selbst ein Problem.

Viele Bürger halten Euro-Bonds intuitiv für eine gute Sache. »Euro-Bond« klingt solidarisch und sympathisch, da der Begriff suggeriert, Europa würde gemeinsam die Lösung großer Verwerfungen in den Finanz- und Währungssystemen angehen. Eine noch bessere Wirkung hätte eine Umbenennung in »Stabilitätsbonds« – wer wollte bei Anleihen, die ihrem Namen nach Stabilität und Krisenferne signalisieren, Nein sagen?

Insbesondere jene, die von Euro-Bonds profitieren würden, halten sich mit ihrer Zustimmung also nicht zurück. Spaniens Ministerpräsident Mariano Rajoy[157] zählt ebenso dazu wie die übrigen Länder, die auf dem Umweg über Euro-Bonds niedrigere Zinsen zahlen könnten, also Frankreich, Italien, Griechenland und andere. Das liegt in der Natur der Sache: Sie gewinnen viel und verlieren nichts. Auch US-Präsident Barack Obama unterstützt die Idee, was nicht überraschen kann: Jede Marktberuhigung, und sei sie noch so temporär, ist der Wall Street und Amerika willkommen. Dass auch die meisten Banken und Finanzunternehmen Euro-Bonds positiv sehen, liegt auf der Hand. Wenn die Allgemeinheit – insbesondere die zahlungskräftige deutsche – Finanzrisiken übernimmt, profitieren Banken erheblich, weil ihre eigenen Risiken sinken. Verlierer sind bei ihrer Einführung die Steuerzahler, vor allem jene in Deutschland.

Bundeskanzlerin Angela Merkel hat im Juni 2012 bereits öffentlich erklärt, dass es keine Euro-Bonds geben werde, solange sie lebe[158], vielleicht in einem Moment der Unbedachtsamkeit oder der Hybris. Viele Oppositionspolitiker – darunter Vertreter der SPD, der Grünen und der Linken – sprechen sich in Deutschland dagegen für eine intensivere Vergemeinschaftung europäischer Schulden mithilfe dieser Anleihen aus.[159] Es liegt auf der Hand, wohin die Reise im Falle einer Regierungsbeteiligung dieser Parteien nach den Bundestagswahlen im Herbst 2013 gehen könnte.

5. Mythos Fiskalpakt. Noch schlechter ist es um die Wirksamkeit des von der deutschen Politik avisierten Fiskalpakts gestellt, der die Budgetprobleme der Länder der Euro-Zone strikt begrenzen soll. Hält sich ein Mitglied nicht an die vereinbarten Regeln, drohen Sanktionen finanzieller und budgethoheitlicher Art.

Eine hehre Idee. Doch nachdem dieses Motivationsmodell mit dem sogenannten Stabilitäts- und Wachstumspakt schon nicht funktioniert hat – die Idee war brauchbar, wurde in der Praxis jedoch nie angewandt –, stellt sich die Frage, warum nun ausgerechnet der Fiskalpakt funktionieren sollte. Strafen für Defizitsünder, die die Kontrolle über ihre Schulden verlieren? Also wirklich. Wer so etwas heute glaubt, hat offenbar in den vergangenen zehn Jahren einiges verpasst. Der Stabilitäts- und Wachstumspakt wurde 83-mal verletzt, die vorgesehene Strafe für Defizitsünder kein einziges Mal verhängt.[160]

Die einzige glaubhafte – da schmerzvolle – Strafe könnten in der aktuellen Krise die Finanzmärkte verhängen, die von chronischen Defizitsündern aufgrund des steigenden Ausfallrisikos höhere Zinsen verlangen, wenn sie ihnen Geld zur Verfügung stellen. Genau diesen Mechanismus hat die EZB durch ihre Aufkäufe von Staatsanleihen, die die Marktzinsen für Defizit-sünder gezielt senken, außer Kraft gesetzt – mit dem Segen der Politik. Europas Notenbank ist so zur Erfüllungsgehilfin der am schlechtesten wirtschaftenden Mitglieder der Euro-Zone geworden.

6. Die vollständige politische Union Europas ist und bleibt ein großartiges Ziel – und ein Luftschloss. Die europäische Inte-gration ist das Leitmotiv ganzer Politikergenerationen in Euro-pa, die nach den Erfahrungen zweier Weltkriege einen Rahmen für dauerhaften Frieden setzen und bewahren wollten. Dies ist bis heute gelungen, für einen Zeitraum von immerhin fast 70 Jahren. Das Vorhaben, die politische Einigung Europas weiter voranzutreiben, ist uneingeschränkt zu begrüßen. Es ist jedoch schon in den wirtschaftlich besten Zeiten ein außerordentlich komplexes und langwieriges Projekt. Keine stabile Demokratie tut sich leicht damit, ihre Souveränität beschneiden zu lassen.

In Europa erleben wir zurzeit jedoch die wirtschaftlich un-schönsten Zeiten seit Jahrzehnten. (Die für Deutschland aktu-ell positiven Wirtschaftsdaten dürfen hier nicht von den außer-ordentlich negativen Trends in vielen anderen Euro-Ländern ablenken.) Wer glaubt, in dieser Lage eine Art »Flucht nach vorn« koordinieren zu können, könnte sich Illusionen hinge-ben. Die von Merkel und vielen anderen Politikern beschwore-ne politische Union Europas ist ein richtiger Gedanke. Sie löst aber kein Schuldenproblem und wird ohne die Zustimmung der Bürger in allen Ländern eine idealistische Vision bleiben. Die Bürger wiederum haben sich im Zuge der Finanzkrise vom europäischen Gedanken eher entfernt. Insofern ist die politische *Dis*union Europas – ein Entfremden bislang eng kooperierender Nationen – das realistischere Szenario. Ist dies gut? Absolut nicht. Aber es wäre töricht, diese Tendenz aus Verklärungsmotiven heraus zu ignorieren oder zu leugnen. Es ist keineswegs ausgeschlossen, dass auf die Ära der europäischen Einigung eine nationalistische Phase folgt. Insbesondere die Generation Kohl/ Schmidt der heute Älteren, die von den Nachkriegsjahrzehnten geprägt wurde, argumentiert, dass dies unter allen Umständen zu vermeiden sei – selbst wenn diese »Umstände« die finanzielle Verwüstung Deutschlands meinen. Aber in 20 Jahren wird diese Generation nicht mehr gehört werden, und die idealistischen Visionen einer Generation gehen nicht zwangsläufig auf ihre Kinder und Kindeskinder über.

Schon jetzt sind nationalistische und extremistische Sympathien in weiten Teilen Europas wahrzunehmen. Es ist wahrscheinlicher, dass Europa binnen fünf Jahren neue souveräne Staaten auf der Landkarte sieht – vielleicht Katalonien oder das Baskenland, vielleicht Schottland, vielleicht Flandern, vielleicht einen anderen –, als dass wir die Gründung der »Vereinigten Staaten von Europa«, wie auch immer ausgestaltet, feiern. Nicht zu unterschätzen ist darüber hinaus der Zulauf, den extremistische Parteien in vielen Ländern zurzeit verzeichnen. In Griechenland gewann Chrysi Avgi (»Goldene Morgendämmerung«) 2012 bei Wahlen sieben Prozent der Stimmen. In Ungarn findet die rechtsradikale Partei Jobbik Anhänger. In den Niederlanden stieg die immigrations- und muslimfeindliche PVV (»Partei für die Freiheit«) um Geert Wilders 2010 zur drittgrößten Partei auf. In Frankreich punktet die Nationale Front, in Finnland die Partei der »Wahren Finnen«. Es gibt viele Beispiele in anderen Ländern.

Überraschen kann dies nicht: Wirtschaftskrisen mit Dimensionen, wie wir sie seit 2007 erleben, ziehen oft – allerdings nicht immer – politische Krisen nach sich, die nationalistische oder extremistische Züge aufweisen. So folgten die Französische Revolution und das Ende des Ancien Régime auf ein Schuldendebakel des französischen Staats, gefolgt von Hyperinflation, Jahren des staatlich sanktionierten Terrors und schließlich dem Versuch Napoleons, Europa zu unterwerfen. Die Folgen, die die Hyperinflation von 1923 und ein erneuter Wirtschaftskollaps Anfang der 1930er-Jahre in Deutschland hatten, sind bekannt.

7. Inflation wird beim Schuldenabbau in der westlichen Welt eine zentrale Rolle spielen. Sollte die Inflation im mittleren einstelligen Prozentbereich verharren, wäre dies für alle Sparer grausam genug: eine schleichende Enteignung. Sollte sie sich, was aufgrund der Muster der Finanzgeschichte zu befürchten ist, früher oder später der Kontrolle der Notenbanken entziehen, käme es zu einer massiven, möglicherweise vollständigen Geldentwertung. Die Folgen wären mehr als unschön: Staaten, Regierungen, Parteien oder Notenbanken, die zulassen, dass die Ersparnisse eines Volkes vernichtet oder erheblich gemindert werden, haben, wie die Geschichte lehrt, keine Bestandsgarantie. Wenn das Vertrauen der Bevölkerung in das Geld stirbt, stirbt das Vertrauen in die Legitimität von staatlichen Institutionen.

8. Gold wird, ausgedrückt in Währungseinheiten wie Dollar, Euro oder Pfund, weiter im Wert steigen und sich als relativ

gutes Instrument für den langfristigen Erhalt von Kaufkraft erweisen. Der Anstieg des Goldpreises wird nicht kontinuierlich ablaufen, trotz Rücksetzer aber einen klaren Langfristtrend bilden.

9. Der Erhalt von Vermögen und Kaufkraft wird in den nächsten 20 Jahren eine deutlich größere Rolle spielen als die Mehrung von Kapital. Es wird nicht in erster Linie um eine möglichst hohe positive Rendite gehen, sondern um eine möglichst niedrige negative Realrendite. Dies wird für alle Bürger eine Herausforderung sein. Viele werden daran scheitern.

10. In den nächsten Jahren wird das gegenwärtige Papiergeldsystem von einem neuen Währungssystem abgelöst. Dieser Wechsel der Spielregeln wird auf der ganzen Welt massive Auswirkungen haben und eine Umverteilung von Vermögen mit sich bringen. Sollte das künftige Finanzsystem auf Edelmetall basieren, könnte es strukturell eine Art neues Bretton Woods darstellen (würde aber natürlich nicht »Bretton Woods« heißen). Ein neuer Goldstandard ist möglich, sogar wahrscheinlich – nicht, weil Edelmetall als Währungsbasis grundsätzlich ideal wäre, sondern weil es ein Großteil der Menschen in aller Welt, ernüchtert nach einem erneuten Desaster mit Papiergeld und dem Verlust immenser Vermögenswerte, für glaubwürdig und vertrauenswürdig halten würde. Mangels besserer Alternativen würden die Menschen Gold als Basis ihres Geldes begrüßen, und viele Politiker würden sich diesem Wunsch nicht entgegenstellen wollen.[161]

Schon heute gibt es ein wirtschaftlich einflussreiches Land, das auf Gold setzt: China hat allein in den ersten acht Monaten des Jahres 2012 ungefähr 512 Tonnen Gold importiert. Die gesamten Goldreserven der EZB lagen im Herbst 2012 offiziell bei 500 Tonnen[162], die der Bundesbank bei etwa 3400 Tonnen.

Schließen möchte ich mit einer Rückkehr zu dem Leitmotiv, das in den vergangenen 40 Jahren – und ab Sommer 2007 in der akuten Phase der Krise – stets präsent war: dem systematischen Aufbau absurd hoher Schulden in vielen der wirtschaftlich scheinbar erfolgreichsten Länder der Welt.

Vor mehr als 400 Jahren formulierte William Shakespeare in *Hamlet* drei Zeilen von zeitloser Schönheit:

Neither a borrower nor a lender be;
For loan oft loses both itself and friend,
And borrowing dulls the edge of husbandry.

Man möge, so die freizügige Übersetzung, weder Schuldner noch Gläubiger sein, weil man damit Gefahr laufe, sowohl das Verliehene als auch Freunde zu verlieren, und weil Schulden umsichtiges Wirtschaften erschwerten.

Es ist ein Satz, der in den vergangenen Jahrhunderten nichts von seiner Weisheit und Relevanz eingebüßt hat. Die Mitgliedsstaaten von EU und Euro-Zone verstanden sich jahrzehntelang als Freunde und Partner. Doch wenn aus Freunden Gläubiger und Schuldner werden, entsteht ein Abhängigkeitsverhältnis, das noch keine Freundschaft gestärkt hat. Nichts erzeugt so sicher Abneigung wie die moralische Verpflichtung zu Dankbarkeit.

Insofern hat der Euro unseren Kontinent bislang nicht geeint, sondern dank einer fehlerhaften Konstruktion und des von der Politik gewollten Abweichens von den Konstruktionsplänen gespalten. Es steht zu befürchten, dass der Prozess der Desintegration noch lange nicht abgeschlossen ist.

Anmerkungen

1. Aldous Huxley: »Case of Voluntary Ignorance«, in: *Collected Essays,* Harper, 1958.
2. Simone de Beauvoir: *Tous les hommes sont mortels,* Éditions Gallimard, 1946.
3. Vgl. Deutscher Sparkassen- und Giroverband: *Vermögensbarometer 2012,* Oktober 2012, Seite 5. Der guten Form halber weise ich darauf hin, dass ich, obgleich namentlich nicht genannt, Autor des *Vermögensbarometers* bin.
4. Grundstoff der Euro-Banknoten ist beispielsweise Baumwolle, nicht aus Holz gewonnener Zellstoff. Andere Banknoten wie die des australischen Dollar werden aus Kunststoff hergestellt.
5. Vgl. www.voxeu.org/article/why-collapse-eurozone-must-be-avoided-almost-any-cost, aufgerufen am 7. Februar 2013.
6. Vgl. Steve H. Hanke und Nicholas Krus: *World Hyperinflations,* Cato Working Paper, 15. August 2012.
7. Siehe unter anderem www.faz.net/aktuell/wirtschaft/europas-schuldenkrise/geldpolitik-notenbanken-beginnen-mit-dem-kauf-von-anleihen-1978146.html, aufgerufen am 17. November 2012.
8. »Drucken« ist hier an und für sich der falsche Ausdruck, aber jeder wird ihn verstehen. Notenbanken bringen heute in erster Linie Geld in Umlauf, indem sie Wertpapiere wie Anleihen kaufen und den Verkäufern dieser Papiere aus dem Nichts geschaffene, elektronisch verbuchte Währungseinheiten gutschreiben.
9. Thilo Sarrazin: *Europa braucht den Euro nicht: Wie uns politisches Wunschdenken in die Krise geführt hat,* Deutsche Verlags-Anstalt, 2012, Seite 155.

10. So die Schätzung von Hans-Werner Sinn, Präsident des ifo-Instituts für Wirtschaftsforschung, München. Vgl. *Die Target-Falle,* Hanser Verlag, 2012, Seite 166.

11. Sinn: *Die Target-Falle,* Hanser Verlag, 2012, Seite 206.

12. »Ich finde, Milchmädchen dürfen Milchmädchenrechnungen vorlegen. Bei Professoren sieht das schon anders aus.« Eine Äußerung von Bundesfinanzminister Wolfgang Schäuble über Hans-Werner Sinn, Präsident des ifo-Instituts, die viel über Schäuble und nichts über Sinn sagt. *Welt am Sonntag,* 29. Juli 2012.

13. Im Original: »A government does not remain safe from disaster simply by abstaining from extreme misdeed. No government collapses its currency because it wishes to or because it flagrantly does not care. When at last it sees the choice, it has no choice. People take over, and the government is relieved of its command.« Jens O. Parsson: *Dying of Money: Lessons of the Great German and American Inflations,* »Wellspring Press«, 1974, Seite 102.

14. *Economic Report of the President,* Februar 1968, www.presidency.ucsb.edu/economic_reports/1968.pdf, aufgerufen am 7. Februar 2013.

15. Vgl. unter anderem Hyman P. Minsky: »Can ›It‹ Happen Again? A Reprise«, 1. Juli 1982, *Hyman P. Minsky Archive/Bard Digital Commons,* digitalcommons.bard.edu/hm_archive/155, aufgerufen am 8. Februar 2013.

16. Richard Duncan: *The New Depression: The Breakdown of the Paper Economy,* Wiley, 2012.

17. Richard Duncan: ibid.

18. Richard Duncan: ibid.

19. Eine Investmentbank verfolgt nicht das klassische Bankgeschäft – also die Annahme von Einlagen in Verbindung mit dem Ausreichen dieses Kapitals an Kreditnehmer –, sondern sie investiert ihr eigenes Kapital und das ihrer Kunden, zu einem Großteil auf Kredit, und offeriert Finanzdienstleistungen, zum Beispiel Börsengänge.

20. Dieser Hinweis geht auf den Investor Marc Faber zurück; in einem Vortrag in Dubai, August 2012, www.zerohedge.com/news/marc-

faber-keynesian-folly-missing-inflation-and-bubble-blowing, aufgerufen am 7. Februar 2013.

21. Bear Stearns wurde im März 2008 wegen existenzieller Schwierigkeiten mithilfe der US-Notenbank von J P Morgan Chase übernommen; Lehman Brothers ging im September 2008 pleite und
ließ das Finanzsystem vorübergehend kollabieren.

22. *»Wie wir den Euro retten und Europa stärken«: Prof. Otmar Issing im
Gespräch mit Andreas G. Scholz,* 3. Wirtschafts-Manifest, Börsen-
buchverlag, 2012, Seite 10.

23. Vgl. Annina Reimann und Hauke Reimer: »Das Endspiel hat begonnen«, *WirtschaftsWoche,* 10. September 2012, Seite 86.

24. Vgl. zum Beispiel news.bbc.co.uk/2/hi/europe/8456216.stm, aufgerufen am 18. November 2012.

25. Als Geschäftsbank konnte Goldman Sachs auf die Hilfsprogramme
der US-Regierung zugreifen; als Investmentbank wäre dies nicht
möglich gewesen.

26. Vgl. »A very European crisis«, *The Economist,* 4. Februar 2010.

27. Portugal, Irland, Italien, Griechenland, Spanien.

28. Vgl. »UBS-Präsident Axel Weber kritisiert EZB scharf«, *HandelsblattOnline,* 18. September 2012, www.handelsblatt.com/politik/
konjunktur/geldpolitik/staatsanleihenkaeufe-ubs-praesident-axel-
weber-kritisiert-ezb-scharf/7146916.html, aufgerufen am 18. November 2012.

29. Jürgen Stark kommentierte ein Jahr später: »Das Signal, das ich mit
meinem Rücktritt an die Europäische Zentralbank und die Politik geben wollte, war: Ihr seid auf dem falschen Weg!«, Interview
mit Franz Schellhorn und Nikolaus Jilch, *DiePresse.com,* 21. September 2012, diepresse.com/home/wirtschaft/eurokrise/1293077/
Stark_EZB-bewegt-sich-ausserhalb-ihres-Mandats, aufgerufen
am 16. November 2012.

30. Stark: Interview mit Franz Schellhorn und Nikolaus Jilch,
DiePresse.com, 21. September 2012, diepresse.com/home/wirt-
schaft/eurokrise/1293077/Stark_EZB-bewegt-sich-ausserhalb-
ihres-Mandats, aufgerufen am 16. November 2012.

31. Vgl. die persönlichen Eindrücke von Hans-Olaf Henkel, der damals engeren Kontakt zu Horst Köhler pflegte: Hans-Olaf Henkel: *Rettet unser Geld! Wie der Euro-Betrug unseren Wohlstand gefährdet,* Heyne, 2012, Seiten 157, 174 ff.

32. Vgl. »Griechenlands Schulden steigen trotz aller Hilfe«, *Spiegel-Online,* 17. August 2012, www.spiegel.de/wirtschaft/soziales/griechenland-schulden-steigen-auf-303-milliarden-euro-a-850675. html, aufgerufen am 17. November 2012.

33. Insgesamt war Griechenland seit seiner Unabhängigkeit etwas länger zahlungsunfähig als zahlungsfähig. Vgl. Carmen M. Reinhart und Kenneth S. Rogoff: *This Time Is Different: Eight Centuries of Financial Folly,* Princeton University Press, 2009, Seite 99.

34. Richard Duncan: *The New Depression: The Breakdown of the Paper Economy,* Wiley, 2012.

35. Carmen M. Reinhart und Kenneth S. Rogoff: »Growth in a Time of Debt«, National Bureau of Economic Research, NBER Working Paper 15639, Januar 2010. Carmen M. Reinhart und Kenneth S. Rogoff: *This Time Is Different: Eight Centuries of Financial Folly,* Princeton University Press, 2009.

36. Ein weiterer hilfreicher Faktor war in den USA das niedrige Zinsniveau in Verbindung mit relativ hoher Inflation in dieser Zeit.

37. Carmen M. Reinhart und M. Belen Sbrancia: *The Liquidation of Government Debt,* National Bureau of Economic Research, NBER Working 16893, März 2011.

38. Allen, die ihre Lektüre der Krisengeschichte vertiefen wollen, empfehle ich neben Richard Duncans zitiertem Werk das jüngste Buch von Thilo Sarrazin: *Europa braucht den Euro nicht: Wie uns politisches Wunschdenken in die Krise geführt hat,* Deutsche Verlags-Anstalt, 2012, insbesondere Kapitel 1 bis 4.

39. Das Zitat bezieht sich auf die Geldentwertung in Frankreich in den 1790er-Jahren. Vgl. Andrew Dickson White: *Fiat Money Inflation in France: How It Came, What It Brought, and How It Ended,* Erstausgabe 1912, zitiert nach Project Gutenberg, Ausgabe vom 28. März 2009.

40. Europäische Zentralbank, zitiert in »EZB: Preisanstieg bei Nahrung hält an«, *Börsen-Zeitung*, 21. Januar 2011, Seite 6.

41. So die geläufige Definition von Philip Cagan (1956). Vgl. Steve H. Hanke und Nicholas Krus: *World Hyperinflations*, Cato Working Paper, 15. August 2012.

42. Dietmar Neuerer: »Die EZB wird zum eigentlichen Systemrisiko«, *HandelsblattOnline*, 29. August 2012, www.handelsblatt.com/politik/deutschland/euro-krise-ezb-wird-zum-eigentlichen-systemrisiko-seite-all/7066274-all.html, aufgerufen am 16. November 2012.

43. Adam Fergusson: *When Money Dies: The Nightmare of the Weimar Hyperinflation*, William Kimber & Company, 1975. In einem der ironischeren Momente der deutschen Geschichte starb Havenstein im November 1923 – kurz nachdem die Papiermark praktisch wertlos geworden und im Zuge einer Währungsreform die Rentenmark eingeführt worden war.

44. So ein Begriff der amerikanischen Anlagegesellschaft Pierpoint Securities, September 2012. Vgl. unter anderem www.theepochtimes.com/n2/business/draghi-launches-unlimited-bond-purchases-by-european-central-bank-289326.html, aufgerufen am 17. November 2012.

45. John Stuart Mill: *The Principles of Political Economy*, John W. Parker, 1848.

46. Vgl. die Aussage von Bundesbankpräsident Jens Weidmann: »Wir sollten die Gefahr nicht unterschätzen, dass Notenbank-Finanzierung süchtig machen kann wie eine Droge.« In: Georg Mascolo, Michael Sauga und Anne Seith: »Wie eine Droge«, *Der Spiegel*, Ausgabe 35/2012, Seite 76.

47. A. Dickson White: *Fiat Money Inflation in France: How It Came, What It Brought, and How It Ended*.

48. Alan Greenspan: *The Age of Turbulence: Adventures in a New World*, Penguin Press, 2007, Seite 340.

49. Stefan Kaiser und Christian Rickens: »Die Bürger werden schleichend enteignet«, *SpiegelOnline*, 12. Oktober 2012, www.spiegel.

de/wirtschaft/unternehmen/bankenpraesident-schmitz-warnt-vor-inflation-a-860897.html, aufgerufen am 15. November 2012.

50. Vgl. *WirtschaftsWoche*, 10. September 2012, Seite 89.

51. *»Wie wir den Euro retten und Europa stärken«: Prof. Otmar Issing im Gespräch mit Andreas G. Scholz*, 3. Wirtschafts-Manifest, Börsen-buchverlag, 2012, Seite 34.

52. Vgl. »In a momentous tiff«, *The Economist*, 4. August 2012, Seite 25.

53. So eine Schätzung des amerikanischen Hedgefonds-Managers Kyle Bass, *The Central Bankers' Potemkin Village*, Hayman Capital Management, 15. November 2012.

54. Beispiele sind Frankreich in den 1790er-Jahren und die Erfahrungen Deutschlands, Österreichs und Ungarns in den Jahren nach dem Ersten Weltkrieg. Reinhart und Rogoff (*This Time Is Different*) sowie Hanke und Krus (*World Hyperinflations*) weisen auf viele weitere hin.

55. Sarrazin: *Europa braucht den Euro nicht: Wie uns politisches Wunschdenken in die Krise geführt hat*, Deutsche Verlags-Anstalt, 2012, Seite 262.

56. Simone Boehringer (Hrsg.): *Der private Rettungsschirm: Weil Ihnen Staat und Banken im Krisenfall nicht helfen werden*, FinanzBuch Verlag, 2012, Seite 27.

57. Am 20. April 2011 laut Nachrichtenagentur dapd.

58. Die Fernsehsendung *Panorama* hat dies am 29. September 2011 dokumentiert, vgl. »Ahnungslose Abgeordnete: Rettungsschirm? ›Irgendwie teuer …‹«, daserste.ndr.de/panorama/archiv/2011/rettungsschirm111.html, aufgerufen am 15. November 2012.

59. Sarrazin: *Europa braucht den Euro nicht: Wie uns politisches Wunschdenken in die Krise geführt hat*, Deutsche Verlags-Anstalt, 2012, Seite 15.

60. Vgl. Philipp Wittrock: »Rückkehr der eisernen Kanzlerin«, *SpiegelOnline*, 15. August 2012, www.spiegel.de/politik/deutschland/griechenland-warum-merkel-gegenueber-samaras-keine-kompromisse-macht-a-850154.html, aufgerufen am 17. November 2012.

61. »Das endet mit dem großen Knall«, Sven Prange im Gespräch mit Ludwig Poullain, *Handelsblatt*, 9. September 2011, www.handels-

blatt.com/unternehmen/banken/ludwig-poullain-das-endet-mit-dem-grossen-knall/4590890.html, aufgerufen am 16. November 2012.

62. Vgl. in diesem Zusammenhang die Titelgeschichte des *Focus:* M. van Ackeren und D. Goffart: »Mit aller Macht«, Ausgabe 36/2012, Seiten 26 ff.

63. Thilo Sarrazin hat diese Zusammenhänge in seinem jüngsten Buch überzeugend dargestellt. Vgl. Thilo Sarrazin: *Europa braucht den Euro nicht: Wie uns politisches Wunschdenken in die Krise geführt hat,* DVA, 2012.

64. Jens O. Parsson: *Dying of Money: Lessons of the Great German and American Inflations,* »Wellspring Press«, 1974, Seite 130.

65. David Korowicz: *Financial System Supply-Chain Cross-Contagion: a study in global systemic collapse,* überarbeitete Fassung vom 30. Juni 2012, Metis Risk Consulting & Feasta, Seite 73.

66. Deutsche Politiker erwerben, ohne selbst Beiträge zu leisten, in kurzer Zeit Versorgungsansprüche in einer Höhe, von der normale Beitragszahler nur träumen können. EU-Politiker und viele EU-Mitarbeiter haben Versorgungsansprüche, von denen nicht einmal deutsche Politiker zu träumen wagen.

67. »Erst die Strafe, dann der Fonds«, *Frankfurter Allgemeine Zeitung,* 24. März 2010, Seite 12, www.faz.net/aktuell/wirtschaft/europas-schuldenkrise/im-gespraech-wolfgang-schaeuble-erst-die-strafe-dann-der-fonds-1954060.html.

68. *Frankfurter Allgemeine Zeitung,* 24. Juli 2010.

69. www.frank-schaeffler.de/bundestag/initiativen/1635, aufgerufen am 17. November 2012.

70. ZeroHedge, 12. September 2012, www.zerohedge.com/news/here-first-post-esm-decision-nein-germany, aufgerufen am 16. November 2012.

71. Theo Waigel: »Der Euro hält Europa zusammen«, *Frankfurter Allgemeine Zeitung,* 24. März 2010, Seite 8.

72. Vgl. Plenarprotokoll 13/230, dipbt.bundestag.de/dip21/btp/13/13230.asc.

73. »Juncker: ›Letztmöglicher Augenblick‹«, *Augsburger Allgemeine*, 26. März 2010.

74. »Papandreou verspricht Tilgung aller griechischen Kredite«, 23. März 2011, www.stern.de/news2/aktuell/papandreou-verspricht-tilgung-aller-griechischen-kredite-1666800.html, aufgerufen am 8. Februar 2013.

75. In einem Interview mit dem Fernsehsender n-tv, zitiert von der Nachrichtenagentur dapd, de.finance.yahoo.com/nachrichten/rösler-bezeichnet-euro-sicher-153518573.html, aufgerufen am 17. November 2012.

76. In einem Interview mit der *BILD*-Zeitung, »Ich verspreche, dass wir unsere Schulden zurückzahlen«, 23. August 2012, www.bild.de/politik/ausland/antonis-samaras/verspricht-die-schulden-zurueckzuzahlen-25799608.bild.html, aufgerufen am 17. November 2012.

77. Vgl. unter anderem www.sueddeutsche.de/politik/eu-rede-zur-lage-der-union-barroso-stellt-sich-gegen-eu-regierungen-1.996875, aufgerufen am 18. November 2012.

78. Zitiert unter anderem in Sven Böll: »Schäuble präsentiert Masterplan für den Euro«, *SpiegelOnline*, 16. Oktober 2012, www.spiegel.de/wirtschaft/soziales/euro-krise-schaeuble-praesentiert-masterplan-a-861475.html, aufgerufen am 8. Februar 2013. Nicolas Berthold von der *Rheinischen Post* zitiert Schäuble mit den Worten: »I think, there will no, it will not happen that there will be a Staatsbankrott in Greece«, *Rheinische Post Online*, 15. Oktober 2012.

79. »Euro-Zone wappnet sich für »Grexit«, *HandelsblattOnline*, 18. August 2012, www.handelsblatt.com/politik/international/krisen-plaene-euro-zone-wappnet-sich-fuer-grexit-seite-all/7017530-all.html, aufgerufen am 16. November 2012.

80. Zitiert in »EZB: Euro-Hilfe mit Bedingungen«, *Berliner Morgenpost*, 3. August 2012, Seite 1, www.morgenpost.de/printarchiv/titelseite/article108467214/EZB-Euro-Hilfe-mit-Bedingungen.html, aufgerufen am 17. November 2012.

81. Ulrich Horstmann: *Womit wir morgen zahlen werden: Warum die*

Währungsreform schneller kommt, als Sie denken, FinanzBuchVerlag, 2012, Seite 154 f.

82. Nachdem das bis dahin – gemessen an der Börsenkapitalisierung – größte griechische Unternehmen, Coca-Cola Hellenic Bottling, das Land 2012 verließ und in die Schweiz (Firmensitz) und nach Großbritannien (Börsennotierung) übersiedelte, ist zumindest die Athener Börse kaum noch von globaler Bedeutung. Ohne dieses Unternehmen lag die Marktkapitalisierung der *gesamten Athener Börse* im Oktober 2012 nur noch bei 31 Milliarden Dollar. Griechenlands Börse ist damit kleiner als jene des ebenso kommunistisch wie inkompetent regierten Vietnam. MSCI, ein einflussreicher amerikanischer Finanzdatenspezialist, erwägt, Griechenland künftig nicht mehr als »entwickelten« Markt zu betrachten, sondern als Schwellenland. Vgl. unter anderem »Category fillers«, *The Economist,* 27. Oktober 2012, Seite 65.

83. Wer sich ausführlicher über private Notfallplanung informieren will, wird unter anderem bei Gerhard Spannbauers Abhandlung »Die persönliche Vorsorge« fündig, in: Boehringer: *Der private Rettungsschirm: Weil Ihnen Staat und Banken im Krisenfall nicht helfen werden,* FinanzBuch Verlag, 2012, Seiten 139 bis 182.

84. Spannbauer, in: Boehringer: *Der private Rettungsschirm: Weil Ihnen Staat und Banken im Krisenfall nicht helfen werden,* FinanzBuch Verlag, 2012, Seite 141.

85. Vgl. www.ernaehrungsvorsorge.de.

86. Korowicz führt ein interessantes Beispiel an: den Streik der Trucker in Großbritannien im Jahr 2000. Die Supermarktkette Spar sah damals einen Umsatzzuwachs von 300 Prozent. Korowicz: *Financial System Supply-Chain Cross-Contagion: a study in global systemic collapse,* überarbeitete Fassung vom 30. Juni 2012, Metis Risk Consulting & Feasta, Seite 15.

87. Jens O. Parsson: *Dying of Money: Lessons of the Great German and American Inflations,* »Wellspring Press«, 1974, Seite 166.

88. Zitiert in Fergusson: *When Money Dies: The Nightmare of the Weimar Hyperinflation,* William Kimber & Company, 1975.

89. Korowicz: *Financial System Supply-Chain Cross-Contagion: a study in global systemic collapse,* überarbeitete Fassung vom 30. Juni 2012, Metis Risk Consulting & Feasta, Seite 2.

90. American Trucking Associations: »When Trucks Stop, America Stops«, 14. Juli 2006.

91. Korowicz: *Financial System Supply-Chain Cross-Contagion: a study in global systemic collapse,* überarbeitete Fassung vom 30. Juni 2012, Metis Risk Consulting & Feasta, Seite 61.

92. Korowicz: *Financial System Supply-Chain Cross-Contagion: a study in global systemic collapse,* überarbeitete Fassung vom 30. Juni 2012, Metis Risk Consulting & Feasta, Seite 11.

93. Peter Boehringer weist in *Der private Rettungsschirm: Weil Ihnen Staat und Banken im Krisenfall nicht helfen werden* (FinanzBuch Verlag, 2012, Seite 26 f.) meines Erachtens zu Recht darauf hin, dass Warner vor einer existenziellen Krise in der Regel keinen leichten Stand haben, bevorzugt als »Pessimisten« und »notorische Schwarzseher« abgekanzelt und mitunter als Opfer von »Verfolgungswahn« diagnostiziert werden, die »psychiatrischer Behandlung« bedürften.

94. Ohnehin drucken die der EZB angeschlossenen nationalen Notenbanken aus pragmatischen Gründen häufig füreinander. Ein Schein, der beispielsweise ein »Y« für Griechenland aufweist, könnte also durchaus in Deutschland oder Frankreich gedruckt worden sein. Er wird dennoch dem griechischen Kontingent zugerechnet.

95. Die kleine, in ihren Urteilen nicht konfliktscheue Ratingagentur Egan Jones sieht die Bonität der Bundesrepublik Deutschland bei »A+« – ein mittelmäßiges, kein Spitzenrating.

96. Erwähnen muss man hier, dass auch in Griechenland, wo die Finanzkrise zu einem dramatischen Einbruch der Wirtschaftsleistung und einem massiven Anwachsen der Arbeitslosigkeit geführt hat, die Zahl der Selbstmorde von 2009 auf 2011 um 22 Prozent angestiegen ist. Vgl. Palash. R. Ghosh: »Greece: Economic Crisis Sparks Surge in Suicides«, *International Business Times,* 16. Mai 2012, www.ibtimes.com/greece-economic-crisis-sparks-surge-suicides-698703, aufgerufen am 15. November 2012.

97. Vgl. »Deutsche Rentner verlieren drastisch an Kaufkraft«, *Spiegel-Online,* 13. Oktober 2012, www.spiegel.de/wirtschaft/soziales/renten-kaufkraft-der-rentner-stark-gesunken-a-861088.html, aufgerufen am 15. November 2012.

98. Korowicz: *Financial System Supply-Chain Cross-Contagion: a study in global systemic collapse,* überarbeitete Fassung vom 30. Juni 2012, Metis Risk Consulting & Feasta, Seite 52.

99. Beispielsweise halten sich 54 Prozent aller Deutschen bei Finanzthemen in der Selbsteinschätzung für »sehr gut« oder »gut« informiert. Vgl. Deutscher Sparkassen- und Giroverband: *Vermögensbarometer 2012,* Seite 15.

100. Vgl. *Vermögensbarometer 2012,* Seite 9.

101. in Boehringer: *Der private Rettungsschirm: Weil Ihnen Staat und Banken im Krisenfall nicht helfen werden,* FinanzBuch Verlag, 2012, Seite 115.

102. Eine Ausnahme sind inflationsindizierte Anleihen, die, sofern der Emittent nicht zahlungsunfähig wird, Kaufkraft erhalten, also real relativ sicher sind.

103. Eine meines Erachtens nicht völlig missratene Übersicht über dieses im Jargon »Asset Allocation« (etwa »Aufteilung des Vermögens«) genannte Thema gibt zum Beispiel mein Buch *So geht Geld,* 2010 bei Goldmann erschienen.

104. So die Erfahrung von »Frau Eisenmenger« während der Hyperinflation Anfang der 1920er-Jahre in Österreich. Zitiert in Adam Fergusson: *When Money Dies: The Nightmare of the Weimar Hyperinflation,* William Kimber & Company, 1975.

105. Zitiert auf www.zerohedge.com, 8. August 2012, www.zerohedge.com/news/elliott-management-we-make-recommendation-our-friends-if-you-own-us-debt-sell-it-now, aufgerufen am 16. November 2012.

106. Doug Casey: »How To Prepare For When Money Dies«, vgl. www.zerohedge.com, 27. September 2011, www.zerohedge.com/news/doug-casey-how-prepare-when-money-dies, aufgerufen am 16. November 2012.

107. Antonie Klotz: »Das große Comeback der Zertifikate«, *Financial Times Deutschland*, 2. August 2012, www.ftd.de/finanzen/derivate/:derivatemarkt-das-grosse-comeback-der-zertifikate/70071342.html, aufgerufen am 7. Februar 2013.

108. Für den, wie ich finde, gelungenen Vergleich bin ich Philipp Vorndran dankbar. Boehringer: *Der private Rettungsschirm: Weil Ihnen Staat und Banken im Krisenfall nicht helfen werden*, FinanzBuch Verlag, 2012, S. 136 f.

109. www.bis.org/publ/otc_hy1211.htm, aufgerufen am 14. November 2012.

110. www.gdv.de/wp-content/uploads/2011/11/Statistisches_TB_GDV_2011.pdf, aufgerufen am 14. November 2012.

111. Vgl. Kathrin Gotthold, Daniel Eckert und Holger Zschäpitz: »Versicherungen investieren wie der deutsche Michel«, *Die Welt*, 1. September 2012, Seite 15.

112. Vergleichsweise gut schneiden Verträge ab, die von Mitte 1994 bis Mitte 2000 abgeschlossen wurden, als der sogenannte Garantiezins – eine Art Mindestverzinsung auf den Sparanteil – bei vier Prozent lag. Seitdem sank der Garantiezins in mehreren Schritten und liegt seit Anfang 2012 nur noch bei 1,75 Prozent.

113. Jens O. Parsson: *Dying of Money: Lessons of the Great German and American Inflations*, »Wellspring Press«, 1974, Seite 165.

114. Vgl. »Deutsche flüchten in Ferienhäuser«, *HandelsblattOnline*, 12. August 2012, www.handelsblatt.com/finanzen/immobilien/nachrichten/immobilien-deutsche-fluechten-in-ferienhaeuser/6964022.html, aufgerufen am 16. November 2012.

115. »Ferienimmobilienkompass 2012: Europas härteste Währung – Warum ein Haus am Meer die beste Antwort auf die Krise ist«, *Capital*, Ausgabe 10/2012 vom 20. September 2012, Seite 1.

116. Zu den Gold-Skeptikern zählen indes auch ausgewiesene Finanzexperten, beispielsweise Andrew Bosomworth, Deutschland-Chef des größten Anleiheinvestors der Welt, Pimco. »Wenn es eine Blase gibt, dann beim Gold«, sagte er der Wochenzeitung *Die Zeit*, 18. Oktober 2012.

117. »Goldene Zeiten«, *FINANZEN,* Februar 2003, Seite 24 ff.

118. Insbesondere infolge des Washingtoner Goldabkommens vom September 1999, in dem Westeuropas Zentralbanken festlegten, dass sie bis 2004 zusammen maximal 400 Tonnen jährlich abstoßen würden.

119. »Währungen sind nicht mehr sicher«, *HandelsblattOnline,* 23. August 2012, www.handelsblatt.com/finanzen/boerse-maerkte/bulle-baer/goldpreis-waehrungen-sind-nicht-mehr-sicher/7040334. html, aufgerufen am 16. November 2012.

120. Philip Coggan: *Paper Promises: Money, Debt and the New World Order,* Allen Lane, 2011.

121. Andere Beobachter raten zu einer noch höheren Quote. Der Börsenexperte Roland Leuschel empfiehlt beispielsweise »25 Prozent des Vermögens in physischem Gold«. Vgl. *Börse Online,* 27. September 2012, Seite 68.

122. Vgl. www.proaurum.de.

123. Offen ist bislang die steuerliche Behandlung dieser Anlageform. Anleger sollten in diesem Punkt die relevanten Gerichtsurteile genau verfolgen.

124. Vgl. Renate Daum: »*Golddebakel auch in Deutschland denkbar*«, *Börse Online,* 23. August 2012, Seite 53.

125. Benjamin Graham: *The Intelligent Investor,* revised edition 2006, Collins Business Essentials, Seite 57. Auf Deutsch unter dem Titel *Intelligent investieren* erschienen.

126. Andererseits werden findige Spekulanten natürlich Vermögen verdienen können, indem sie zum richtigen Zeitpunkt auf fallende Kurse setzen, also short gehen.

127. »Mittelzuflüsse in Publikumsfonds«, *Frankfurter Allgemeine Zeitung,* 13. November 2012, Seite 21.

128. Vgl. Arne Gottschalck: »Lieber verjubeln als verspekulieren«, *manager magazin online,* 24. August 2012, www.manager-magazin.de/finanzen/boerse/0,2828,851816,00.html, aufgerufen am 16. November 2012.

129. So erklärten im *Vermögensbarometer 2012* des Deutschen Sparkas-

sen- und Giroverbandes 24 Prozent aller Befragten, sich mit Aktien »gut« oder besser auszukennen, während 53 Prozent sich selbst minimale Aktienkenntnisse bescheinigten. *Vermögensbarometer 2012,* Seite 15.

130. Meine persönlichen Favoriten sind zwei Klassiker von Benjamin Graham, *Security Analysis* (deutscher Titel *Wertpapieranalyse*) und *The Intelligent Investor* (deutsch *Intelligent investieren*), sowie die seit Jahrzehnten vom US-Investor Warren Buffett veröffentlichten Jahresbriefe an die Aktionäre seiner Holding Berkshire Hathaway (gratis auf www.berkshirehathaway.com). Susan Levermanns *Der entspannte Weg zum Reichtum* ist ebenfalls lehrreich und ungemein bildend, wenngleich die Lektüre aufgrund der Komplexität der Materie für viele deutlich unentspannter ausfallen dürfte, als der charmante Titel suggeriert. Als Einführung ins Thema ist für den einen oder anderen möglicherweise auch das Kapitel über Aktien in meinem eigenen Ratgeber *So geht Geld* nützlich, das indes an Breite, Tiefe und Cleverness mit den erstgenannten Titeln nicht mitzuhalten versucht.

131. In: *Remedia Amoris.*

132. de.statista.com/statistik/daten/studie/233148/umfrage/target2-salden-der-euro-laender.

133. Vgl. Sinn: *Die Target-Falle,* Hanser Verlag, 2012.

134. Vgl. John Adams: *A Defence of the Constitutions of Government of the United States of America* (1787), und Alexis de Tocqueville: *Democracy in America* (1835).

135. Coggan: *Paper Promises: Money, Debt and the New World Order,* Allen Lane, 2011.

136. Ein von SPD-Chef Sigmar Gabriel verwendeter Begriff, vgl. »SPD-Chef Gabriel fordert Reichenabgabe«, *Bild.de,* 4. August 2012, www.bild.de/politik/inland/sigmar-gabriel/spd-chef-gabriel-hoehere-steuern-25491494.bild.html, aufgerufen am 17. November 2012.

137. Vgl. beispielsweise Florian Gathmann und Philipp Wittrock: »Angriff der Umverteiler«, *SpiegelOnline,* 3. August 2012, www.

spiegel.de/politik/deutschland/reiche-sollen-mehr-steuern-zah-len-fordern-spd-gruene-linke-a-848060.html, aufgerufen am 16. November 2012.

138. »Ein paar Reiche‹ müssen bleiben«, *HandelsblattOnline,* 19. August 2012, www.handelsblatt.com/politik/deutschland/vermoegensab-gabe-ein-paar-reiche-muessen-bleiben/7019484.html, aufgerufen am 17. November 2012.

139. Ronald McKinnon und Edward Shaw prägten diesen Begriff in den 1970er-Jahren.

140. Jörg Hackhausen und Jan Mallien: »Wie der Staat die Anleger ausquetscht«, *HandelsblattOnline,* 18. Juli 2012, www.handelsblatt.com/finanzen/boerse-maerkte/anlagestrategie/finanzielle-repressi-on-wie-der-staat-die-anleger-ausquetscht/6891770.html, aufgeru-fen am 17. November 2012.

141. Wolfram Weimer: »Die kalte Zinsenteignung«, *HandelsblattOnline,* 10. August 2012, www.handelsblatt.com/meinung/kolumnen/wei-mers-woche/weimers-woche-die-kalte-zinsenteignung/6985500.html, aufgerufen am 16. November 2012.

142. Vgl. www.lebenserwartung.info/index-Dateien/ledeu.htm.

143. Stefan Bach, Martin Beznoska und Viktor Steiner: *A Wealth Tax on the Rich to Bring down Public Debt? Revenue and Distributional Effects of a Capital Levy,* DIW Berlin, Discussion Paper 1137, 7. Juli 2011. Stefan Bach, DIW: »Damit wäre ein wichtiger Schritt zu ei-ner Konsolidierung der öffentlichen Haushalte getan, und wachs-tumsfördernde Reformen würden erleichtert.« Vgl. Hackhausen und Mallien: »Wie der Staat die Anleger ausquetscht«, *Handels-blattOnline,* 18. Juli 2012, www.handelsblatt.com/finanzen/boerse-maerkte/anlagestrategie/finanzielle-repression-wie-der-staat-die-anleger-ausquetscht/6891770.html, aufgerufen am 17. November 2012.

144. Aushänge in US-Postämtern waren unmissverständlich formuliert: »UNDER EXECUTIVE ORDER OF THE PRESIDENT Issued April 5, 1933 all persons are required to deliver ON OR BEFORE MAY 1, 1933 all GOLD COIN, GOLD BULLION,

AND GOLD CERTIFICATES now owned by them to a Federal Reserve Bank, branch or agency, or to any member bank of the Federal Reserve System. Executive Order FORBIDDING THE HOARDING OF GOLD COIN, GOLD BULLION AND GOLD CERTIFICATES.« Textmarkierungen stammen von den US-Behörden.

145. Auf die Frage, wie viele Unternehmer unter Rot-Grün Deutschland verlassen würden. Vgl. Olaf Gersemann: »Weidmanns Haltung ist Deutschlands nicht würdig«, *Welt am Sonntag,* 14. Oktober 2012.

146. In einem Brief. Zitiert in Judith Thurman: *Isak Dinesen: The Life of Karen Blixen,* Penguin, 1984, Seite 235.

147. Stefan Zweig: *Die Welt von Gestern,* Kapitel »Heimkehr nach Österreich«. Bermann-Fischer Verlag, 1944.

148. Doug Casey: »How To Prepare For When Money Dies«, www. zerohedge.com, 27. September 2011, www.zerohedge.com/news/ doug-casey-how-prepare-when-money-dies, aufgerufen am 16. November 2012.

149. Hintergrundinformationen unter anderem über www.zerohedge. com/news/after-creating-dollar-exclusion-zones-asia-and-south-america-china-set-corner-africa-next, aufgerufen am 18. November 2012.

150. Carmen M. Reinhart und Kenneth S. Rogoff: *This Time Is Different: Eight Centuries of Financial Folly,* Princeton University Press, 2009, Seite 70. Insgesamt kommt Spanien im Laufe der Jahrhunderte auf 13 Staatspleiten, Deutschland (einschließlich Vorgängerstaaten) auf acht.

151. Finnlands Außenminister Erkki Tuomioja erklärte Mitte August 2012, dass es nur »eine Frage der Zeit« sei, bis die Euro-Zone kollabiere: »Either the south or the north will break away because this currency strait-jacket is causing misery for millions and destroying Europe's future.« Vgl. www.telegraph.co.uk/finance/financial-crisis/9480990/Finland-prepares-for-break-up-of-eurozone.html, aufgerufen am 16. November 2012.

152. Vgl. unter anderem Sebastian Jost und Holger Zschäpitz: »Soros

legt Berlin Euro-Austritt nahe«, *Die Welt online,* 17. Oktober 2012, www.welt.de/109904697, aufgerufen am 15. November 2012.

153. Die Euro-Zone könnte andererseits neue Mitglieder aufnehmen, etwa Lettland, das für 2014 einen Beitritt erwägt und die Voraussetzungen erfüllt.

154. Ein Beispiel von vielen ist ein Gastbeitrag Wolfgang Kubickis (FDP) in der *Frankfurter Allgemeinen Sonntagszeitung,* »Es wird Zeit, dass Europa seine Bazooka hervorholt«, 19. August 2012, Seite 9.

155. Stark: Interview mit Franz Schellhorn und Nikolaus Jilch, *DiePresse.com,* 21. September 2012, diepresse.com/home/wirtschaft/eurokrise/1293077/Stark_EZB-bewegt-sich-ausserhalb-ihres-Mandats, aufgerufen am 16. November 2012.

156. Sarrazin: *Europa braucht den Euro nicht: Wie uns politisches Wunschdenken in die Krise geführt hat,* Deutsche Verlags-Anstalt, 2012, Seite 203.

157. Vgl. »Spanischer Premier fordert rasche Einführung von Euro-Bonds«, *SpiegelOnline,* 2. September 2012, www.spiegel.de/wirtschaft/soziales/spaniens-rajoy-fordert-rasche-einfuehrung-von-euro-bonds-a-853416.html, aufgerufen am 16. November 2012.

158. Vgl. unter anderem »Keine Eurobonds, solange ich lebe«, *Financial Times Deutschland,* 26. Juni 2012, www.ftd.de/politik/deutschland/:merkel-vor-eu-gipfel-keine-eurobonds-solange-ich-lebe/70055166.html, aufgerufen am 18. November 2012.

159. So SPD-Chef Sigmar Gabriel und der ehemalige Bundesfinanzminister und SPD-Kanzlerkandidat Peer Steinbrück, ebenfalls SPD. Siehe zum Beispiel »Gabriel will gemeinsame Haftung für Euro-Schulden«, *HandelsblattOnline,* 6. August 2012, www.handelsblatt.com/politik/deutschland/konsequenz-aus-krise-gabriel-will-gemeinsame-haftung-fuer-euro-schulden/6965230.html, aufgerufen am 17. November 2012; oder Gabor Steingart: »Abschied von Steinbrück«, *HandelsblattOnline,* 16. August 2012, www.handelsblatt.com/meinung/kommentare/kommentar-abschied-von-steinbrueck/7002094.html, aufgerufen am 17. November 2012.

160. So Hans-Werner Sinns Zählung. Vgl. Sinn: *Die Target-Falle*, Hanser Verlag, 2012, Seite 310.

161. Vgl. auch Thomas Mayer, bis Sommer 2012 Chefvolkswirt der Deutschen Bank: »Es ist überhaupt nicht gesagt, dass unser Geldsystem diese Krise überlebt. Die Chancen sind größer als 50 Prozent, dass wir zu einer Art materiell gedecktem System kommen.« *WirtschaftsWoche*, 10. September 2012, Seite 94.

162. »Chinese Gold Imports Through August Surpass Total ECB Holdings, Imports From Australia Surge 900%«, www.zerohedge.com, 21. Oktober 2012, www.zerohedge.com/news/2012-10-21/chinese-gold-imports-through-august-surpass-total-ecb-holdings-imports-australia-sur, aufgerufen am 8. Februar 2013.

Register

Über den Autor

Michael Braun, Jahrgang 1968, lebt und arbeitet seit mehr als einem Jahrzehnt als freier Journalist und Autor in Berlin und ist bekannt als Wirtschafts- und Finanzexperte. Er ist in verschiedenen Funktionen für mehr als 50 Publikationen und Verlage im deutschsprachigen Raum tätig geworden, darunter *BörseOnline, Capital, Cosmopolitan, Die Welt, €uro am Sonntag, Financial Times Deutschland, Freundin, Welt am Sonntag* und *WirtschaftsWoche.* Zuvor war Braun Chefredakteur von *Finanzen* (heute *€uro*), einer der größten Wirtschaftszeitschriften in Deutschland. In der letzten von ihm verantworteten Ausgabe sagte er Anfang 2003 in der Titelgeschichte »Goldene Zeiten« einen drastischen Anstieg des Goldpreises voraus.

Nach dem Abitur studierte Braun Wirtschaftswissenschaften, Politik und Philosophie am Magdalen College der Universität Oxford. Anschließend beschäftigte er sich an der Paul H. Nitze School of Advanced International Studies (SAIS) in Bologna und Washington D.C. im Rahmen eines Graduiertenstudiums mit internationalen Wirtschafts- und Finanzsystemen. Nach einem Volontariat in der Wirtschaftsredaktion des *Hamburger Abendblatts* arbeitete er von 1997 bis 1999 als Auslandskorrespondent für den Axel Springer Verlag in New York.

Braun ist Autor mehrerer Sachbücher und Romane. Sein Ratgeber *So geht Geld* schaffte es 2011 auf die Shortlist des Deutschen Finanzbuchpreises. Für die Euro-Berichterstattung im *Hamburger Abendblatt* wurde er 1997 gemeinsam mit Stephanie Heise mit dem Ludwig-Erhard-Förderpreis für Wirtschaftspublizistik ausgezeichnet.

Sachbuch

So geht Geld, Goldmann, München, 2010.

Rundum sicher mit Geld mit Carola Ferstl, Goldmann, München, 2005.

»Die 100 Antworten zum Euro« mit Stephanie Heise, in: *Der Euro – mehr als ein Symbol,* herausgegeben von Christa Randzio-Plath, Nomos, Baden-Baden, 1996.

Belletristik

Madame Jakublonskis Monstrositäten-Cabinet, Roman, Dresdner Buchverlag, 2013.

Bräutigame, Roman, 2011.

UG2, Roman, 2011.

»Unter die Linden«, Erzählung, in: *Neues aus der Heimat!,* Petra Gropp et al. (Hrsg.), Fischer Taschenbuch Verlag, Frankfurt am Main, 2003.

Jericho oder Das feine Gesicht des Himmels, Roman, Collection S. Fischer, Frankfurt am Main, 1997.